Сборник стихотворений современных авторов

«Современный дух поэзии»

Выпуск 25

Часть 1

Независимое Издательство

Аннотация

На протяжении веков стихотворная мысль претерпевала изменения. Можно проследить, как во все времена поэзия олицетворяла актуальные проблемы всего общества. Данный сборник является продолжением двадцать четвертого выпуска сборника стихотворений «Современный Дух Поэзии». В них мы представляем абсолютно не похожих друг на друга авторов нашего времени. Они по-разному поднимают животрепещущие темы и сквозь призму их стихотворений можно окунуться в современный дух поэзии.

ISBN: 978-1-67803-901-1

УДК: 1751

Budapest 2020

Итоги конкурса

1 место: Галина Севергина

Севергина Галина Ивановна родилась в селе Бакчар Томской области в 1955 году. Образование высшее, окончила Томский инженерно-строительный институт. Вся трудовая деятельность прошла на Севере Томской области в городе нефтяников Стрежевой. С 2005 года на заслуженном отдыхе, проживает в Краснодарском крае.

Творчеством занималась с юности. Активно стала писать последние 10 лет. Печататься начала в 2019 году в сборниках «Современный дух Поэзии» Выпуски 17 -25, «Сокровенные мысли» Выпуск 15. В октябре 2019 года вышел из печати альманах «Георгиевская лента», в который включена серия стихов о Великой Отечественной Войне и которые номинированы на премию «Георгиевская лента» в честь 75-летия Великой Победы. На интернет порталах «Стихи. ру», «Мир дошколят» постоянно публикует свои стихи.

В интернет издательстве «RIDERO» издано и в апреле 2020 года выходят из печати две книги «Справка о реабилитации» о репрессиях крестьянства в Сибири в 20-30 годы прошлого столетия и Сборник стихов для детей дошкольного и младшего школьного возраста «Семь Я».

2 место: Олеша

Олейник Владимир Максимович. Псевдоним ОлеШа. Год рождения 1951 г. Образование среднее. Изданы пять авторских книги: «Байки от Максимыча»,

«До... и После», сборник стихов «Осень». Детские: сказка «Теплый остров». Стихи «Приключение цыплёнка Пети». Номинирован на конкурс «Георгиевская лента 2020» в честь 75-летия ПОБЕДЫ. Номинирован на премию «Русь моя 2020». В честь 125-летия С Есенина. Диплом первой степени в номинации «Пейзажи слов» самодеятельных авторов.

3 место: Наталия Самойлова

Меня зовут Самойлова Наталия Павловна. У меня есть дело для Души – я пишу стихи. Стихи рождаются разные по содержанию и по стилю. Иногда они приходят парами в один день, иногда потребности писать не возникает неделями. Если стих задумал родиться, то пока он не будет завершен, я нахожусь в состоянии «накрыло и не отпускает».

Я искренне рада, что заняла третье место в конкурсе и что мои стихи в этом сборнике.

Содержание

Галина Севергина 6
Олеша 14
Наталия Самойлова 21
Наталья Холодова 24
Марта Гольченко 31
Ольга Корелова 35
Мика Макова 47
Владимир Фомин 50
Ирина Воронцова 61
Дарья Скузоваткина 66
Дарья Чугунова 71
Элеонора Дворецкова 76
Екатерина Халина 86
Елена Султан 90
Елена Фокеева 96
Ирина Богданова 102
Сергей Римизак 106
Анна Батюшкина 113
Валентина Кречко 128
Контактная информация авторов 135

ГАЛИНА СЕВЕРГИНА

Что внуки наши будут вспоминать?

Что внуки наши будут вспоминать,
Когда настанет время своих нянчить?
Что смогут они детям рассказать?
Истории откуда будут клянчить?
Расскажут: «В интернетовских сетях
С утра до вечера общения искали».
Закованные будто бы в цепях,
Прекрасного они не замечали.
Книг не читали и музей им чужд.
Толстой и тот в отрывках на уроке.
А потому и в сочиненьях чушь,
И даже Пьер Безухов от них в шоке!
А Пушкин покраснел бы от стыда,
Услышав речи современных денди.
Предположить не смог бы никогда,
Что и любовь теперь будет за деньги.
Мы Чехова, Тургенева читаем,
Там все и про сегодня и вчера.
И, как не странно, снова понимаем,
Что классика, она на времена!
А вот Твардовский! Закурив махорку,
Солдаты Теркина читали наизусть.
Есенина с листочка, как молитву,
Читали, говоря себе: «Клянусь»!
Клялись любить и защищать Россию,
Её бескрайние просторы, города.
И проливали кровь за Родину святую.
И мать была за сыновей горда!
Что изменилось в современном мире?
Про ум, про честь, про совесть, знает кто?
Теперь подвластно все это Сатире,
А ценности, увы, так далеко...

Парк у вокзала

Духовой оркестр в парке,
Танго, вальсы и фокстрот.
На скамейке дама в шляпке,
Рядом с ней войны герой.
Оба вдаль куда-то смотрят,
Взгляд печальный. Сколько лет?
Каждый год сюда приходят,
Чтобы встретить День Побед!
Тот далекий День Победы!
Слезы, радость, боль утрат.
Были скромно все одеты,
Лишь берез белый наряд!
Вальс звучал, кружились пары,
Сослуживцы, стар и млад.
И гремели там фанфары
В честь героев, в честь солдат!
От Москвы и до Берлина
Шли с боями сотни верст,
Их одна беда сплотила.
Нужна победа позарез!
Но не каждому случилось
До родимых мест дойти.
Каждому Победа снилась,
Не судьба, ты брат, прости!
Каждый год парк у вокзала
Многолюден в этот день.
Дама в шляпке ожидала
Может кто-то уцелел?
Эшелон их разбомбили.
Санитары, доктора
Раненых собой прикрыли
Где-то в поле у Днепра.
Духовой оркестр в парке,
Танго, вальсы и фокстрот.
На скамейке дама в шляпке,
Все надеется, придет!

Галина Севергина

Поэт и Муза

Поэты пишут о любви,
О тех, кто рядом, кто далече,
О чувствах, зреющих внутри,
И долгожданной скорой встрече.
Поэты пишут про любовь,
И в высшей степени о чувствах.
Там, где не нужно много слов,
Всё заключается в искусствах.
А для эмоций нет предела,
Мысль впереди бежит пера.
Об этом пишет поэт смело,
Живя в строфе вплоть до одра.
Поэт влюблен и Муза рядом,
И про любовь он знает всё!
А рифма сыплется «каскадом».
Теперь он пишет про своё!

Север

За лесом закат и розовый всполох,
Снежное поле – царство зимних дорог.
А Север бескрайний, как недоговорок,
Как жизни судьба, как её поворот.
Одинокие сосны на фоне заката
Вдоль зимних дорог - это вехи, рубеж.
А небо розовой дымкой объято,
Круг солнца ложится в снежный манеж.
Купол небесный покрыт синевою,
Отраженье его на снежных полях.
Север обнял своей крепкой рукою,
И одарил зимой в хрусталях.
  Зарница сияет – это к морозу.
В северном небе Андромеды звезда.
Лютует зима, встав яростно в позу,
При этом чарует ее красота!

Галина Севергина

Дубосеково

Старый солдат закурил папироску.
И ноет спина, и раны болят.
А в руках он держал землицы горстку,
Землицу с могилы своих ребят.
Сидел капитан у братской могилы.
Солдатская кружка, водка и хлеб.
Теперь-то мы знаем, мы победили,
Тогда ж еще ждали этих побед.
Танки армадой топтали окопы,
Снаряды рвались, горела земля.
Счеты сводила с фрицем пехота,
Под танки бросались, себя не щадя.
Три десятка солдат насмерть стояли,
Ни шагу назад, ведь дальше Москва.
Планы фашистов геройски сорвали,
С тех пор в карауле они навсегда.
Старый солдат докурил папироску.
В небе курлыкал клин журавлей.
В руках он держал землицы горстку,
Горстку земли с обожженных полей.

Без страховки

Любить не сложно,
Трудно уходить.
Всегда ведь можно
Страсти погасить!
Чуть-чуть тревожно -
Уходишь в никуда
Остаться - ложно,
Взойдет еще звезда!
Любить не трудно.
Нелюбимой быть –
Это безрассудно
По теченью плыть.
Если обоюдно

Галина Севергина

Дверь в любовь закрыть.
Станет ярче утро,
Уляжется вся пыль!
Любишь без ума
И без страховки.
А когда весна,
Без остановки.
Нервы, как струна,
Идешь по бровке.
Взорвется тишина,
В душе иголки!
Любить в мечтах
Пусть зной и ветер.
На морских волнах
Умчусь я в вечер.
Неведом больше страх,
Рассвет алеет.
А жизнь в моих руках,
Любовь вновь зреет!

Подруга Муза

Метет метель и вьюга-завируха
Поет мне песни древние свои.
Ласкает кот мурлыканьем мне ухо,
И эти песни о его любви.
Пусть стужа и пурга, пусть непогода.
Лишь кедр по тайге звенит струной.
Горит камин. Рождается вдруг ода.
Струится дух по дому смоляной.
Трещат поленья, искрами, играя.
Взор от огня не в силах оторвать.
И очищение души в нем созерцая,
Готова вновь творить и создавать!
Дождусь я стука в дверь, пусть даже ночью.
Для Музы я открыта в любой час.
И с нею откровенно своей речью
Слагать я стану о любви рассказ.

Галина Севергина

Все об Амурах, стрелах и страданьях,
О буйной страсти не прошеной любви,
О расставаньях, встречах, ожиданьях,
О грешных мыслях с грешным визави.
Уляжется метель, утихнет вьюга,
Мороз крепчает, пряча солнце в синь.
Теперь мне Муза верная подруга,
И с ней я снова постигаю жизнь.

Поиски...

Когда зима в душе пройдет,
Воспрянешь будто бы из пепла.
И пелена с глаз упадет,
И вырвется душа из плена.
Оковы сброшены. Свобода
Бросает в омут с головой.
Открыты все судьбы ворота.
Понять бы, что там за черной.
Как сделать шаг, не ошибившись?
Назад заказан будет путь.
С самим собою примирившись,
Не сможешь в сторону свернуть.
И породнившись с вольным ветром,
Омывшись струями дождя,
Пусть для кого-то незаметно,
Дружище, полюби себя.
Отдайся Господу на милость
Не почему-то, вопреки.
Ведь каждый от рожденья личность
Но губят каждого грехи.
Будь гордым, но отбрось гордыню.
И с легким сердцем, помолясь,
Отыщешь сам свою святыню,
Пустившись в путь, перекрестясь.

Галина Севергина

Чистый лист

Перелистав тетрадку жизни,
Откройте чистый лист – лист дня.
И этот лист совсем не лишний,
И будет прожит он не зря.
Сегодня день случился важный,
Пишите им свою тетрадь.
Его не проживете дважды,
Не надо от него бежать.
И этот день, как все другие,
Он важен потому, что есть.
Увы, года не молодые,
Но жить ещё почтем за честь!
Ведь в своей жизни вы не зритель,
Гордитесь, чем Господь подаст.
Жизнь наша – это наш учитель,
Учтивы будьте – не придаст!
Спешите добрыми делами
Тетрадку жизни заполнять.
А на полях её с мечтами
Стихи любимым посвящать.
Придя к концу своей тетрадки,
Последний раз перелистав.
Себя пишите, без оглядки,
И это будет ваш «Устав»!

Галина Севергина

Парад зрелости

По дороге шла несмело.
За горой закат алел.
Солнце среди туч белело,
Непогоды вечер зрел.
Сумерек спускался тихо,
Приглашая к очагу.
Наступал мороз игриво,
Хрустя шагами на снегу.
Одинокие деревья
Красовались в куржаке.
Долгожителей деревня
Притаилась в уголке.
Здесь храм воздуха и света,
Место благости земной,
Долгожданного рассвета,
Встречи с собственной судьбой.
На закат я шла несмело,
Надеясь встретить там рассвет.
Пусть уже перегорело,
И завял цветов букет.
На рассвет я припозднилась,
Впереди еще закат.
Знай, Судьба, мне полюбился
Моей зрелости парад!

Галина Севергина

ОЛЕША

(В БОЛЬНИЦЕ ТИХО ПОМИРАЛ
В ОДИНОЧЕСТВЕ СТАРИК.
ЕГО НИКТО НЕ НАВЕЩАЛ.
ЕГО НИКТО НЕ СЛЫШАЛ КРИК!..)

****

«Вы что, не нашли идеал?»-
Спросили однажды мужчину,
Что тихо в постели лежал,
Свою, ожидая кончину.
Он стар уже был. И седой.
Но губы его прошептали:
« Когда- то я был молодой,
И жил я, не зная печали.
Вокруг меня розы цвели,
Своей красотой восхищая.
Но выбрал я ту, что в дали,
Стояла в сторонке, вздыхая.
Она всех милее была,
И цвета была неземного,
А мне же казалась,- она
Уж очень была одинокой.
И это мой был идеал!
От счастья я Богу молился!
Что он мне надежу послал,
И я так нежданно влюбился!
Но время бежало... И я
Мечтал к ней губами коснуться,
И в омут большого огня
Любимых очей окунуться.
Она же цвела, и жила,-
Как сердце уже ей велело,
И только колола меня
Шипами в ответ то и дело.
Ей нравился видно другой,-
Что был озорней, и богаче,
Что был по сравненью со мной,

На много красивей и ярче...»
Старик говорить перестал.
Вздохнул полной грудью устало.
«И где теперь ваш идеал?
Что с розою вашею стало?»
« Теперь она то же одна, -
Свой век на земле доживает...
На кресле сидит у окна,
И видимо так же, как я,
О прошлой любви вспоминает...»

Март. 2020 г. Олеша.

Притча о ленивом человеке

Бродил по свету человек один;
Простой на вид, - ни раб, ни господин,
И был умом не сильно то богат,
Но был всегда принять чужое рад.
Работать сам он лично не хотел,
И за дела душою не радел.
Однако люд простой его встречал,
И что хотел он,- то ему давал.
Ведь знал бродяга, что всегда живот
Он мог набить уже за чей-то счёт.
В конце концов, - одумался народ,
И от ворот ему дал поворот:
Прошла охота потчевать его
За просто так и, в общем, ни за что.
Он исхудал весь телом. И босой
Бродил теперь по свету чуть живой,
И хоть он руки всё-таки имел,
А всё равно работать не хотел
И вот однажды день такой настал.-
На землю он без всяких сил упал.
Лежит в пыли, в изорванных портках,
От ямы погребальной в двух шагах.
Мечтает, чтобы кто-то в этот час
Его от смерти от голодной спас.

Олеша

Вдруг видит, - рядом яблоня стоит,
Над ним на ветке яблоко висит,
И он подумал: - вот бы этот плод,
Ему сейчас сорвался прямо в рот.
Нежданно ветер ветку покачал,
И плод ему в открытый рот упал…
Ему б сейчас от радости вскричать,
И небу речь хвалебную воздать!
Но лень уже проникла так в него,
Что свет в глазах его погас давно.
И вот лежит бездыханно, молчит,
И сам себе же мысленно кричит:
« Ну, что наделал я!? Что натворил?
На что свой взор нежданно обратил?
Ведь мне теперь с земли придётся встать, -
Еще и плод, упавший в рот, жевать!
Не проще было, - к яме дотянуть,
И свой земной на том закончить путь!»

Март. 2020 г.

Притча о никчёмном человеке

Из уст в уста глаголет благовест,
Кто не работает, - тот и не ест…
Но вот один никчёмный человек,
Решил уже и так прожить свой век,
И без труда-то, в общем, и забот
Едою сытной свой набить живот.
И по дворам, чтоб в полной мере жить,
С рукою стал протянутой ходить!
При этом говорил, целуя крест,
Что голод, мол, согнал с родимых мест,
А дом его ещё сгорел дотла, -
И нет двора с поры той , ни кола…
И как ни странно, не смотря на стыд,
Он был всегда обут теперь, и сыт.

Февраль. 2020 г.

Олеша

Притча о сумасшедшем соседе

Приснился человеку сон,
Что Ангела увидел он,
И не почудилось ему,
А было всё как на яву.
И этот Ангел, в час ночной,
Спустился с неба и домой
К нему безвременно пребыл,
И тайну страшную открыл:
Что в эту ночь на всей земле,
И в их колодце в том числе,
Вода на злобу праздных дней,
Отравой станет для людей.
Хотя и будет та вода
На вид по-прежнему чиста,
Но каждый, кто её попьет,-
С ума в последствии сойдёт!
Проснулся утром человек,-
Лицом весь белый, словно снег:
Решил людей предупредить,
Что из колодца воду пить,
Нельзя им будет! Ведь вода
Любого здесь сведёт с ума,
Кто хоть один уже глоток
Её отпить сумеет в прок.

Весь день он бегал по селу
В надежде, что спасти ему
Удастся хоть кого-нибудь.
И всё пытался заглянуть
В глаза людские... и молил!-
Не пить воды! И сам не пил!
Но... люди воду, как всегда,
С охотой пили. И с ума
Сходили у высоких стен,
Не замечая перемен.
И с каждым часом их число

Олеша

Приумножалось и росло.
И так случилось, что вокруг
В конце концов все люди вдруг
Сошли с ума! И в их селе
Остался при своём уме,-
Всего один лишь человек:
Лицом весь белый, словно снег.
Но все смотрели на него
И ужасались от того.
Казалось им, что их сосед
Поверил сам в какой- то бред!
Ещё теперь и чушь несёт,-
Покоя людям не даёт!
И, что про Ангела и сон,
Конечно, выдумал всё он!
И если кто сошёл с ума,-
Так это он!

Декабрь. 2019 г.

Нет воли на свете, сказала берёза

«Нет воли на свете,- сказала Берёза,-
Я семя своё каждый год приношу,
Но Ветер моим не доверился слёзам,
И я всё ни как дочерей не рожу».
«Нет воли на свете,- ответил ей Ветер,-
Я в поле родился и в поле живу,
Но Солнышко мною без устали вертит,
А что, и зачем?- я и сам не пойму».
«Нет воли на свете,- и Солнце сказало,-
Я грешной земле не жалею тепла,
И если б не Ветер, что с лесом бы стало?
Где всякое семя уже прорастало,
И только Берёза одна уж росла!»

Декабрь 2020 г.

Олеша

Притча о тщеславной деве

Попросила девушка у Поля, -
Что б её коса до пят росла...
Поле эту выполнило просьбу, -
И косу ей дивную дала.
Попросила девушка у Моря -
Синий взгляд. Румяны полный круг...
Море так же выполнило просьбу, -
Стала дева краше всех вокруг
Попросила девушка у Сосен, -
Тонкий стан. В подоле жемчуга...
Сосны дружно выполнили просьбу, -
Стала дева, словно пух легка!
И от счастья дева воспылала, -
Потеряла над собою власть!
Поглядела в небо, приказала,
Дальним звёздам в ноги ей упасть!
...Стало Поле черным от печали...
...Волны в Море встали чередой...
...Сосны слёз своих не удержали...
Всё вокруг наполнилось грозой!

Февраль 2020 г.

Олеша

Зачем пишу и мучаюсь ночами?

Зачем пишу и мучаюсь ночами?
И если прок от слов моих простых? -
Что б мне по силам поменять местами
Хоть что-то было в зарослях густых...
Как босоногий шут хожу я по ухабам.
Пытаясь встать без тени на крыльцо...
И мне смеётся в спину даже слабый!
А сильный, тот смеётся и в лицо.
От того и по кабакам слоняюсь.
И пью вино, чтоб боль унять свою.
Потом молюсь, молюсь и трижды каюсь,
А утром вновь в друзья вино зову.
И нет конца. А мне б росой умыться!
А мне бы лечь в траву и в ней уснуть!
А мне хотя б на время позабыться,
И свежий воздух лёгкими вдохнуть!
Ведь завтра мне опять идти в дорогу.
И по ночам опять бессонницей страдать!
И что б ни делал, где бы ни был, - слога
Уже не мог я никогда предать.
Такая видно участь у поэта;
Свой путь, по миру странствуя найти!
Ещё чужую боль нести при этом
В своей и так, чуть дышащей груди!

Октябрь. 2019 г.

Олеша

НАТАЛИЯ САМОЙЛОВА

Базовые эмоции Психостих

Всё очень просто в нашем мире.
У нас эмоций лишь четыре.
Есть радость, гнев, печаль и страх -
Лежат по полкам, на местах.
Сейчас мы с полки гнев берём,
Ногами топаем, орём.
И не волнует больше нас
Ни что другое. ГНЕВ - Сей Час.
Когда грустинка в глаз попала,
С той полки к нам печаль упала.
Мы вспоминаем о хорошем.
Запомни, что ПЕЧАЛЬ о прошлом.
Страшат невзгоды на Пути?
Что будет и куда идти?
Всё сладится в добрых делах!
О будущем всегда весь СТРАХ.
На этой полке чудо вижу,
Я разгляжу его поближе.
Нет для него шкалы времен,
Когда мы в РАДОСТИ живём!
Эмоции всегда природны,
Испытывает их кто угодно,
И кратковременные в норме
Бывают разные по форме.
Нам важно наше состояние,
Пара секунд на осознание,
Ловко эмоцию поймал -
Свой маятник не раскачал.
Крепчает нервная система,
Задача есть, а не проблема.
Решать задачи интересно
И для развития полезно!

Благовест

Для жизни всем даётся Сила.
У каждого есть свой резерв.
Чтоб тяга к жизни не остыла,
Чтоб не погиб "последний нерв",
Учитесь жить без негатива,
Во всем ищите БлагоВест.
Жизнь удивительно красива,
Жизнь в доброте не надоест.
Создайте радостей копилку,
И то, что есть, поберегите.
Дышите счастьем вашим пылко!
Любите! Радуйтесь! Живите!

Руки бога

Когда рождается ребёнок,
Не мудрено ему понять,
Кем он любим, кому он дорог,
Есть у него отец и мать.
И, даже если нет кого-то,
Бывает всяко, не суди,
На Небесах уж точно кто-то,
Ему поможет на Пути.
А на Земле есть руки Бога.
Проявленная Воля есть.
Руки твои, мои - их много,
Быть может, для того мы здесь?
Руками Бога быть нетрудно:
На сколько разуменье есть,
Свети добром по миру чУдно,
Благо твори, пока ты здесь....

Наталия Самойлова

Осознание

Причина и разумный смысл
В приРоде были, будут, есть.
Органы чувств рождают мысль,
Одну, две, три – уже не счесть.
Идёт волна, затем другая,
В эмоции застрять легко,
Ругая всех, себя ругая,
Ныряешь глухо, глубоко.
Стоп! Перед тобой задача,
Ты вправе взяться за неё.
Пути решений обозначив,
И полагаясь на чутьё,
Отбросив вздоры и обиды,
Поймёшь, что опыт был не зря,
Ты под Небесною эгидой,
Вдыхаешь жизнь, Благо Даря.

Наталия Самойлова

НАТАЛЬЯ ХОЛОДОВА

Я не пишу восторженных стихов

Я не пишу восторженных стихов,
А почему? Не в силах объяснить.
Отчасти от того, что изменить
Мне не дано привычный ход веков.
Да что веков, хотя б теченье дней
Лишь на минуту мне остановить!
Но старые часы вновь продолжают бить
И каждый раз все резче, все сильней!
Стихи мои полны глухой печали
Души, от всех закрытой, дневники,
ворчат они, как-будто старики,
кряхтят и стонут, мучают ночами...

Цыганка

Тебя совсем не тронули века,
И огоньки, как встарь, в глазах играют.
И две косы – два черных ручейка,
Как прежде по плечам твоим стекают.
Меня обманешь ловко по руке,
Но я слепой простушкой притворюсь
И буду честно веровать тебе
И буду знать, что праздника дождусь.
А дома прочь отброшу болтовню
И для себя лишь снова стану зрячей.
Прочту по линиям нелегкую судьбу,
Узнаю все и в глубь души упрячу!

Тихо сам с собою я веду беседу

Мне ставят иногда в упрек,
что слишком часто в зеркало смотрю.
Сержусь притворно. Им же невдомек:
Я так сама с собою говорю:
«- Ну, здравствуй! Снова мы с тобой
Затворницы судьбы
..А осень тешится листвой,
Гнет нежные цветы...
Не смейся черными блестящими глазами,
Ты от меня печаль не утаишь:
Вновь одиночество заигрывает с нами,
Умчалась буря и осталась тишь».
Но слышу я совет из зазеркалья:
«ты понапрасну глупых слез не лей,
Не унывай! Сильнее будь Наталья,
Иди по жизни твердо, не робей!»
... Я волосы расчесывая, глажу,
Движения свои не тороплю,
С тобой одной, зеркальная Наташа,
О горестях и бедах говорю!

Маме

«Мама! Мама!» - я по слогам повторяю.
И становится сердцу немного теплей!
Твою легкую поступь я всюду узнаю
Даже если пройдут миллионы людей!
Даже если вдруг стану совсем глухой
Все равно я твой голос услышу!
Самый нежный из всех, бесконечно родной,
Нет которого лучше и ближе!

Наталья Холодова

Девчонка на песке писала

«Люблю» - девчонка на песке писала,
Кричали чайки, ветер чёлкою играл.
Девчонка весело о чем-то напевала
Впервые повстречав свой идеал.
А время шло, и идеал менялся
Девчонка повзрослела, подросла
И бывший «идеал» чужим казался
Она другому посвящала те слова
Еще, еще, да всех не вспомнишь
Кому с любовью сердце отдала
И не беда, что иногда наотмашь,
Но ведь жила, от всей души жила!
Девчонка стала женщиной красивой
Вновь пишет на песке рукой своей:
«Люблю» - и затихает торопливо:
всё слушает: что скажет сердце ей?
«Люблю» - но сердце равнодушно!
«Люблю!» - но в сердце - пустота!
Слеза скатилась. И волна бездушно
вдруг смыла слово мертвое с песка...

Навеки вырвать из души тебя старалась

Навеки вырвать из души тебя старалась.
Не поливала корни, крону всю сожгла,
Но деревце упрямо разрасталось
И погубить его я не смогла.
Как трудно враждовать с своей душою,
Твердить упрямо: «нет, я не люблю!»
И избегать желанных встреч с тобою
И прятать в книгу фотографию твою!

Наталья Холодова

Дочке

Тускло тлеет свечка на столе –
Нас опять оставили без света.
Где ты, дочка? Я скучаю по тебе.
За окном в постель ложится лето.
Ночь пришла. Цветные огоньки
Осветили во дворе дорожки.
Тише! Слышно бьются каблучки?
Это дочки пробежали ножки!
В дом вошла, и вроде света нет,
Но улыбка так горит счастливо!
Позабыв, что отключили свет,
Я свечу невольно погасила!
Ты смеешься - радостно, и мне,
Ты грустишь, и я переживаю.
Понимаю то, что выросла уже
Но в душе никак не отпускаю….

Имя твое

Имя твое – на траве
Там, где упала роса.
И на блестящей листве
Его отыскали глаза.
Имя твое - на песке,
Но волнам его не слизать
Имя твое – на листке
Я не устану писать.
Имя твое – амулет,
Лучший помощник в беде
Оно – сверхъестественный свет
В моей покоренной душе.

Наталья Холодова

За то, что ты просто есть!

Спасибо тебе родной,
что рядом со мной бываешь,
что любишь меня такой,
как есть и не упрекаешь.
Спасибо, что терпишь мои
ты выходки и приколы,
и всплески моей любви,
и злости, и мести уколы.
За ласку твоих нежных губ,
за глаз непокорных блеск,
спасибо тебе родной
за то, что ты просто есть!

Снова память меня беспокоит

Снова память меня беспокоит
Тщетно все позабыть я хочу.
Знаю: думать о прошлом не стоит!
И... подмышки ему щекочу!
И хохочет оно до упаду,
И трясется в припадке своем:
«Нет, не будет, не будет пощады,
Не забыть, не забыть ни о чем!»

Наталья Холодова

Встреча

Друг, подруга – нет - не то,
И в темноте их рук сплетенье,
И не мешает им никто
Судьба иль просто совпаденье?
И шепот нежный, губ нектар
Два тела – и одно дыханье.
Она красива, он не стар.
Давно желанное свиданье
И муж, жена, детишки, дом..
Подруга, друг – про все забыто!
Об этом вспомнят, но потом
Дыханья два – в едином слито!
Прошло немало – двадцать лет.
Об этой встрече так мечтали!
И вот – из юности привет!
Друзья любовниками стали!
…Стеклянным холодом окно
Прижавшейся щеке ответит…
«Мы что-то сделали не то» -
Она растерянно заметит.
А друг, притихший в темноте,
любовно ей сжимает руку
и думает: «а как ТЕПЕРЬ
переживу я с ней разлуку?!»

Наталья Холодова

Наши сны

Ты рук моих касаешься руками,
и улыбаешься как прежде.
А я с тобою говорю стихами.
Твои глаза сияют от надежды.
Твоя душа с моей объединилась
Не разберешь, где ты, где я.
И время навсегда остановилось
И мы одни, никто нам не судья.
И так – одну ночь, и другую,
И три и пять ночей, и сто
И просыпаюсь я от поцелуя...
А рядом нет со мною никого!
Реальность сухо мне напоминает:
Три года порознь! Ты одна!
И надо жить, а сны не отпускают.
И надо верить, что придет весна.
И целый день проходит незаметно.
Работа, пациенты, дом, семья.
И снова сон – тот самый сон заветный.
С тобою в нем встречаюсь я.
И там – мы вместе. А недавно я узнала,
Что сны подобные ты видишь по ночам
И там мы снова счастливы с тобою.
«И только там! И только там!»

Наталья Холодова

МАРТА ГОЛЬЧЕНКО

Сон-трава

Подари мне томик Есенина,
Чуть потрепанный, с полки своей!
Подари, и я буду уверена,
Что душа твоя схожа с моей!

Я страницы чуть-чуть пожелтевшие
Нежно-нежно разглажу рукой...
И мечты, как листву облетевшую
Соберу на свою ладонь...
Я душою по строкам истоптанным
След души твоей стану искать!
По лесам, по полям «растрёпанным», -
День и ночь по Руси шагать...
Подари мне томик Есенина,
Средь страниц засуши Сон-траву!
Чтоб на месте том, я рассеянно
Вдруг прочла про любовь твою...

Я бы уехала к морю

Я бы уехала к морю,
Бросив друзей и дела!
Там бы я жизнь по-другому,
С чистых страниц начала!
Знаю - там небо синее!
Воздух там чище в сто крат!
Там бы стихи я писала
И рисовала закат!
Были бы ночи тише,
Дни бы светлее!
Ну что ж...
Я бы уехала к морю, -
Да ты меня дома ждёшь...

Покрась мне волосы

Покрась мне волосы,
Ладонями в мозолях
разлей по прядям
Яркий майский свет!
Мы были созданы
Друг друга обезболить,
Наперекор,
Грохочущих сует!
Покрась мне волосы
Весенними лучами!
А лучше счастьем
Мои волосы покрась!
Что бы любовь,
Согретая руками,
В моей косе
Навеки прижилась!

Улей

В этой квартире
Стены бумажные.
Сверху и снизу
Люди живут.
Смелые люди!
Люди отважные,
Если смогли обрести
здесь уют...
Здесь,
Будто в старом
Замызганном улье,
Люди жужжат
И летят на огни.
Что же вы, люди,
Такие угрюмые?
Не от того ль,
Что лишились земли?

Марта Гольченко

Незаменимых нет

Нет правил у меня,
Чтоб стал ты исключением!
И целей в жизни нет, -
Не быть тебе стремлением!
И может, к сожалению, но только твоему,
Я как Марина Влади в конце не напишу:
«Незаменимых нет!»,
С больным опровержением...
А только с утверждением и горьким сожалением...
Незаменимых нет,
А я была уверена, что мне замены нет!
Теперь мечты развеяны...
Теперь глаза открыты -
«Незаменимых нет!», -
И мы с тобою квиты...

Океан

Не волнуй моё сердце-не надо!
И не спорь, что оно океан!
Мне приятнее штиля прохлада,
Чем бушующий в нём ураган...
Не волнуй,
Да и сам не волнуйся,-
Я без шторма твоя навсегда!
Ты в глаза мне смотри и любуйся,-
Эта тихая гавань твоя...

Марта Гольченко

Живите здесь и сейчас

Живите здесь и сейчас!
Не гонитесь за славой,
Натирая мозоли,
Погрязая во лжи!
Вы потратите час золотой,
Что по праву,
Лучше было потратит
На поиск любви!

Марта Гольченко

ОЛЬГА КОРЕЛОВА

Памяти царевен Ольги, Татианы, Марии и Анастасии Романовых

Молите Бога о нас, боголюбивые сестры!
Вы Ангелами жили на нашей земле.
Пока Русь жива, народу не поздно
Покаяние Богу принести о грехе.

Вы – чистые девы, люботрудные души,
Царских родителей святой плод любви.
Хрупкие внешне, но твердые волей,
На Бога надежды возлагали свои.

Господь вас услышал – сберег, не оставил.
Вы все претерпели: униженье и боль.
Днесь вечно живете на Небе и с нами,
Простите нас, грешных, порочащих вновь.

Дивные Ангелы, сестры святые,
На хрупких плечах крест Христов понесли:
Ольга, Татиана, Анастасия, Мария,
Научите нас, грешных, вашей любви!

Будьте ходатаи о нашей отчизне,
О всех православных на русской земле,
Чтоб страшный тот грех цареубийства
Господь не вменил нам на Страшном Суде!

***

А Крест – вот все, что нам с тобой останется
Когда мы к Вечности пойдем.
С земною жизнью навсегда расстанемся,
За жизнь свою отчет мы понесем.
И ничего с собою, ничего мы не возьмем...
Лишь только Богом данный крест.
Дай сил нам, Господи, Креста честного Твоего!

Молитва о детях

Умоляем, Боже, детей пощади!
Восполни им недостаток любви.
Настави их, Учителю, как Правду соблюсти.
Так же нас, родителей, к вере приведи.

Ты один Премудрый и Податель благ.
Мы сами детей горше, мы не знаем как...

А есть ли счастье на земле?

А есть ли счастье на земле?
А есть ли красота?
А есть ли милость на земле,
Любовь и глубина?

А есть ли верность на земле?
И чистота, добро?
Не вижу то в душе своей –
И все вокруг темно...

Ах, бедная земля, зачем
Ты в скорбь погружена?
Но скорбный только дан ответ:
Что все из-за меня.

Ольга Корелова

Зачем же на земле живем
В грехах и нелюбви?
Зачем же мы друг друга бьем,
Ища покой души?

А счастье есть на Небе? Есть
Любовь и чистота?
Увидит ли ту жизнь когда
Твоя, моя душа?!

Про стихи

Я верю в то, что каждый
Способен на стихи.
Лишь было бы стремленье,
Исканье чистоты.
Когда стихи нам правдой
И музыкою дышат,
То верю в то, что Ангел
Их нам приносит свыше!
Или это – по-прежнему я?

Обращение к жене мужа...

Почему ты сегодня грустна?
Все стоишь и стоишь у окна?
Может, кто-то обидел тебя?
Или это – по-прежнему я.
Посмотри на меня и не плачь,
Прочь обиды гони, ангел мой.
Ты прости если что-то не так,
Мы же вместе, я - рядом с тобой.

Ольга Корелова

Иоаким и Анна

Иоаким и Анна, любовь ваша чиста.
Иоаким и Анна – верные сердца.

Иоаким и Анна – родители Пречистой Девы Марии.
Воздыхания ваши и милостыни – не напрасны пред Господом были.

Не смотря на поношенья, печали
Друг друга вы не оставляли.
Друг другу вы преданы были.
И Веру в скорбях сохранили.

Согласие как чудо

Какое чудо приоткрылось и осознать вдруг привелось:
Согласие и Божья милость рождают крепкую любовь.
Которая не постыжает, но новую рождает жизнь,
Которая преображает слова, дела и мысль.

Тебя совсем почти не знаю, хоть вместе долго мы.
Ищу в тебе средь волн и спадов защиты, теплоты.
И сердце тихо просит: рядом побудь и сбереги.

Любви такой я не достойна: грешна, во всем грешна.
Молю я об одном лишь только: чтоб верной быть смогла!

Ольга Корелова

22 июня – день памяти, день скорби...

День памяти, день скорби,
Святое торжество.
Народ, восстань и вспомни
Отечество свое!
Наш мир большой ценою
Был куплен – и должны
С сердечной болью вспомнить:
Героев дети мы!!!
А если вместе с грязью
Смешаем память эту,
То их любовь святая
К нам будет без ответа.

Бог рядом...

Упованье рождает терпенье.
Надейся и жди, милый мой.
И наше придет Воскресенье
И светом озарит все любовь.

Но сердце трепещет и плачет:
Что делать и как быть в беде?
Бог рядом со мною,
А значит: попечение есть обо мне.

В утешение подруге...

Милая, забудется. Не грусти о нем.
Быть с ним не получится – в тебя он не влюблен.

Милая, не плачь ты так, горько не грусти.
Пусть он будет друг, не враг – все ему прости.

Милая, гляди смелей – тоску улыбкой скрой:
Ведь на свете правда есть взаимная любовь!

Ольга Корелова

Праздник Рождества

Солнце желтое искрится, радости полно.
Скоро Вечный Царь родится, жданный так давно.
Скоро будут пить веселье души и сердца,
Скоро будет всем прощенье, мир и красота.
Скоро будем воспевать: «Слава в вышних Богу!»
Но к Нему лишь покаяньем устлана дорога.

Рождество Твое, Христе, - правды и любви,
Обрати наши сердца к ближним и родным!
Чтобы их любовь к нам только нежностью покрыть,
Чтоб их вздохи и печали в радость превратить.
И терпеть все оскорбленья с кротостью Твоей,
И прощать без принужденья недругов, друзей.
Лишь смиряться средь падений, ран, скорбей и бед...
Ради нашего спасенья Бог стал Человек!

...Вифлеемская звезда н`а небе сияет,
Людям мира и добра и любви желает.

Обращение к нам Родины-матушки

Дети, помните Россию: чтите прошлое ее.
Узнавайте больше, глубже достояние свое.

Дети, бережно храните, что узнаете о ней.
Ваша Родина, поймите: нет другой страны милей.

Вы - героев дети, знайте, победителей врагов.
Песням русским повнимайте: в них узнаете о том.

Сказки слушайте, в них много наставлений и примеров.
Доброму лишь подражайте, трудолюбию и вере.

Будьте верными сынами, любящими дочерьми.
О родной культуре знайте, «чтите Родины следы» !

Ольга Корелова

Плачь о себе самой

Жестокое сердце как лед,
Любви никому не дает.
Одно попеченье – себе.
Поплачьте чуть-чуть обо мне.

Мама одна и больна,
В трудах и заботе всегда,
А дочка лежит и мечтает,
И счастье в замужестве чает.

Холодное сердце, как лед,
Но тронешь его – обожжет.

Здесь близкий в печали сгорает,
Участия мне не хватает.
Одна лишь забота – себе.
А дети, семья – в стороне.

Там скорбь и утраты и боль,
Злорадствую, что не со мной.
Забот о себе мне хватает,
Подумаешь – ближний страдает.

Господь снизойдет ли к мольбе?
Поплачьте чуть-чуть обо мне.

Что такое любовь?

Считала: любовь – это чувства,
Тем паче – накал этих чувств.
И от того было грустно,
И был для меня весь мир пуст.

Теперь же, пройдя сквозь печали,
И радость узнавши и боль,
Считаю, что лишь сострадание
С желаньем помочь есть любовь!

Ольга Корелова

Рождественское чудо

Огоньки на елочке весело горят,
Словно много радости в этот день сулят.
За окошком снег лежит и темным-темно.
Дети рядом с матерью, но не спят давно.

На столе одна мерцает желтая свеча.
- Мама, мама, правда знаешь: что сейчас звезда
Путь к вертепу, к Господу сможет указать?
- Дети, вам как ангелам это лучше знать.
- Мама, это правда, что родился Бог?
- Да, это свершилось, как сказал пророк.
Ради нас Он маленьким человеком стал.
«Будьте все как дети», - так повелевал.
- Мамочка, а может быть: чудо что случится,
Может быть: жар-птица в окно к нам постучится?
- Чудо самое большое уже произошло:
Ночью, в стужу и в вертепе Спаса Рождество!

Солдатам Великой Отечественной войны посвящается

Был дан приказ - атаковать!
И поднялись они.
Был дан приказ - не отступать
Солдатам той войны.
Был дан приказ: врага сразить,
Без жалости к себе!
Еще: до смерти стойким быть
Солдатом в той войне.
Как много их всех полегло?
Убитыми везде.
Ведь до сих пор не сосчитать
Погибших в той войне!
Но все же: кто же победил?
И кто на Небесах?
С ожесточенною душой?
Иль с милостью в сердцах?

Ольга Корелова

Что значит Крест?

Что такое Крест?
Для нас - спасенье!
К Небесам благое возведенье.

Что такое Крест?
Им наш Создатель
Плоть Свою пречистую распял,
Умер для греха, пример нам дал.
Чтобы, умирая для греха,
Жили мы для правды на века!
Что такое Крест?
Для нас - ограда.
Божья милость, избавление от ада.

Что такое Крест?
Грехов прощенье. Из тли смертной
К Новой жизни возвращенье.

Сестра милосердия

«Памяти Великой
княгини Елизаветы»

Матушка Елизавета, к тебе обращусь:
Любовью согрет весь твой жизненный путь.
Была ты любезною дочкой, сестрой,
Надежным товарищем, верной женой.
Во всем исполняла лишь Божию волю.
Состраданье и мирность вносила с собою.
Супруга убили, смятенье, война…
Всю чашу мучений испила до дна.
Убийцу супруга от сердца простила,
На служение людям жизнь свою посвятила.
Больных и убогих, вдовиц и детей –
Ты всех ободряла Надеждой своей.
Утешить могла и молитвой и словом.

Ольга Корелова

Не для себя жила – для другого.
Господь был и в сердце и перед очами,
К Нему ты всегда прибегала в печали.
Ему уневестилась, оставшись вдовой.
Матушкой стала для всех дорогой.
Все дни твои были любовью согреты.
Сестра милосердия в обители света. (Марфо-Мариинская обитель - прим.)
Пример добродетели и чистоты.
Послушно иго Христово на плечи свои
Взяла, было бремя легко, благодатно,
А цель твоей жизни – ясна и понятна.
Твой Крест преукрашен скорбями обильно.
«Христос – моя сила, - шептала в безсилье,-
Да будет вовек благословенно Его имя!»
Словно светильник горел изнутри.
В трудах и терпенье приносила плоды...
Варвара-сестричка вместе с тобой
Ради Христа на муки пошла.
Болезни терпела и смерть приняла.
Ныне вечно сияете в Царстве Небесном,
Во славе святых прославляя Творца.
Была ваша жизнь, как икона, - чудесна,
В помощи ближним была ее красота.
Господь от погибели вечной вас спас,
И нас вспоминайте, молитесь за нас!

Плачь о Родине...

Россия вся здесь, мы в Москве собрались.
И взоры святых на нас с грустью глядят....
Мы в злом эгоизме от всех оградились,
Друг друга не видим: что брат, что – не брат.

Враждуем и ссоримся, плачем в душе.
Родные, соседи погрязли в вражде.
И холодом веет от наших семей...
Любви не имеем, бросаем детей.

Ольга Корелова

А матери наши со скорбью глядят
Как мы погибаем. Кричат, иль молчат.
И все у нас есть – кров, одежда, еда...
Одно в дефиците – любовь, доброта.

Одни мы с бедою, хоть нас не исчесть.
Про веру забыли, про Родину, честь...
Так больно взирать нам на землю свою!
Святая Россия, восстани, молю!

Труд ради Господа...

Мы все время куда-то спешим,
И грядущих все благ ожидаем.
Мы все время куда-то спешим –
За секундами, годы теряя.

Мы все время куда-то спешим –
Все дела, ожидания, встречи...
Мы все время куда-то спешим,
Забывая совсем то, что вечно!

Мы все время куда-то спешим,
Не взирая на ближних и дальних.
Мы все время куда-то спешим,
Тратой времени считая вниманье.

То вниманье, что дорого людям.
Не сейчас, потом собраны будем...
В суете свои дни иждиваем,
В небрежении ближних теряем.

Мы всё ищем стяжания многого –
Оно словно дать сможет подмогу нам.
Но земным лишь душе не поможешь.
Ей не купишь наряд подороже,

Ольга Корелова

Ей еду повкусней не предложишь,
В ее раны лекарства не вложишь.
Ей не в радость блеск лампочек мнимый,
Ей не в радость исканье наживы,

А удобства во вред душе служат...
Ей лишь труд ради Господа нужен!

О чистоте души

Как ночь - тиха, как снег искристый -
Была б душа так мирно-чистой,
Была б душа как свечка - ясной,
И как жемчужина – прекрасной.

Любить могла бы сильно, смело,
И помогать другим умела б.
Как птица петь во славу Бога,
И лишь в Творце искать подмогу.

Душа ж моя сейчас уныла,
И жизнь - то мила, то - не мила...
Ах, бедная душа, восстань!
Молись и верь, не унывай!

Терпи себя, других, смиряйся.
А согрешила - так покайся.
Покайся всех Творцу и Богу,
Что потеряла ты дорогу.
Дорогу в светлый Отчий дом
И ходишь в сумраке густом.

Господь и Бог, Творец всесильный,
Дай мне прославить Твое имя,
Дай мне познать Тебя душой,
И быть всегда Твоей рабой.
Чтобы тиха, светла, чиста
Была бы бедная душа.

Ольга Корелова

МИКА МАКОВА

Легенда о Пилигриме

Рассказ закончив встал отец,
Размял хребет (прогнувшись в пояснице),
Напомнил сыну про овец и
Чтобы сон успел присниться.

Но юноша сидящий у костра
О чём-то тайном замечтался,
Неторопливый стук, отвлёк юнца,
Манил и, нежно к уху прикасался...

Он завертел своим челом,
В надежде углядеть источник звука,
Привстал,.. присел, пригнулся он...
(Искать впотьмах, ведь это мука).

И вдруг,.. юнец увидел балахон
Скользнувший за угол шатра
И мысль блеснула: это он...
Легенда правдою была.

Юнец догнал хозяина тряпья
И путь он старцу преградил,
И молвил юноша слова
В которых старца удивил:

" Послушай, старый пилигрим,
Ты слышишь голос ветра,
Везде и всюду, ты один,
Бредёшь как время мерно;
В твоих ногах, запуталась полынь,
На голове - осел туман,
В глазах - печаль, в устах - аминь,..
Ты - тень,.. ты - призрак... Ты - обман..."

Но старец, лишь кивнул в ответ
(В глазах его луна блеснула),
И поднял к небу тонкий перст...
Предчувствие юнца не обмануло.

Юнец, поднял своё чело и,
К небу взор свой обратил,..
А ветер, обнял вдруг его...
(Юнец блаженство ощутил).

Минут так пять он простоял,
Смотря на в звёздах небосвод,
Как ветер тучи подгонял,
На звёзд мерцаний хоровод.

Он опустил свои глаза...
Лишь стук и, эхо перед ним,
И тихо шепчется лоза...
Исчез,.. как призрак пилигрим...

Мика Макова

О Ней

Смерть тоже поёт дифирамбы,
Смерть тоже слагает стихи...
Бездонные красные, чёрные банты,..
И словно на свадьбе... пустые... цветы...

Примет любого, в саван укутав,
Поправит "крещатик" и в лоб поцелуй;
Укроет землёю от сплетен и слухов
И ветра попросит: "На свечи, не дуй..."

Утешит скорбящих, с погоста проводит
И бережно, в руки сестры передаст;
Душу усопшего в Вечность проводит
На встречу без тельных иерархий и каст.

Сомнительна радость праздника жизни,..
Сомнительно горе "вечного сна"...
Бескрайнего пафоса: "жизни" и "смерти";
Платёжкой по счёту приходит она...

Изысканы, строгие чёрные канты,..
Венки безутешных и, лики в скорби...
Смерть тоже поёт дифирамбы!..
Смерть тоже слагает стихи!..

Прах

Прах веков я стряхиваю с плеч
И поднимая голову седую,
Берусь за старый, но надёжный меч...
Вновь пробуждён как в молодость былую.
Опять не слышу, что говорят вокруг,
Опять смотрю стеклянными глазами,
Война везде, война во мне
И жизнь бери хоть голыми руками, ...
Кусок судьбы зажат в руке
И в прахе страх я чувствую ногами.

Мика Макова

ВЛАДИМИР ФОМИН

Ведь правда и честь всё ж важней ...

Лет двадцать назад, хоть это давно,
Свиданье с девчонкой, скорее в кино,
На что? А не важно? Ведь нам всё равно -
Мы с ней целовались, а фильм был как фон.
Теперь ведь не так, не кино - уже чат,
И ищут «вконтактах» все парни девчат,
В «фейсбуках» чуть свет и посты уж строчат
Лишь был бы «WiFi», он теперь купидон.
Куда там романтика, нужен лишь драйв,
Манеры? К чему, ведь без них «супер-лайф»,
Побольше, почаще, не жизнь, вечный кайф,
Но только всё грязь, чистоты больше нет.
Мы стали грубей и, увы, это так,
Жаль в сказки не верим, а веришь - дурак,
Решают всё деньги, без них сущий мрак,
И клином сошёлся на них белый свет.
Куда мы летим, для чего и зачем.
Живём под девизом, чтоб меньше проблем,
И даже коль сам заурядный совсем,
То служишь команде, ведь тут ты герой.
Но важный момент: время вспять не вернуть,
Живёшь только раз, хоть и труден твой путь,
И надо пройти, чтоб с него не свернуть,
А так ты шестёрка, хоть сила с тобой.
И как поступить? Вот вопросов вопрос,
Самим собой быть и пойти под откос,
Иль стать как другие, а честь – это взнос,
Чтоб проще жилось, но зато без проблем.
Решай только сам, жизнь твоя, выбор твой,
Нет коли харизмы - иди за толпой,
Но если уж жить, то рискуй, чёрт с тобой,
Ведь правда и честь всё ж важней, чем «Эдем».

Пугают нас СМИ...

Пугают нас СМИ, мол, есть вирус ужасный.
С короной, как венчиком, очень опасный,
Что из Поднебесной доставлен в страну,
И мир скоро рухнет - мы все как в плену.
Не спорю, угроза жутка и страшна,
Но разве из бед новость эта одна?
Нет детских смертей? Нету, мол, воровства?
Все ангелы люди? Гласит так молва?
Кого мы дурачим и, право, зачем?
Достаточно много пред нами проблем:
И вирус опасен, тут спорить нельзя,
Но что ли иных тем нет разве, друзья?
Воруют и пьют, убивают и лгут,
Вот только начало. А нам воду льют.
Так может немного о правде сказать?
Но нет, лучше в страхе народ удержать:
Зачем знать реалии, как - что - почём.
Ведь жили, не зная, и дальше живём.
Ругаем других, вечно ноем - как быть.
А чьи мы потомки, позвольте спросить?
Великий народ, что не сдался врагу,
И бился в жару, под дождём и в пургу,
И земли свои уберёг от чумы -
Что свастику носит, что армия тьмы.
Ведь деды стояли за жизнь своих чад,
А эти сегодня хотят гей-парад.
Тусить до утра, книг в руках не держа,
И быть для Америки в роли пажа.
Какое ничтожество мир наш сейчас,
Где нету добра, а есть прибыль на газ...
Вот только на небо багаж не возьмёшь,
Ведь деньги останутся, сам лишь умрёшь.
И память в сердцах будет жить лишь тогда,
Коль жил не для грязи, не зная стыда,
А ради любви, ради правды вокруг.
Увы, не понять это многим, мой друг...

Владимир Фомин

Прошло столько лет и воды утекло...

Прошло столько лет и воды утекло,
Но память жива, как жива та обида.
Что кто-то один, почему и за что,
Решил всех людей разделить на подвиды.
Мол, где-то арийцы, а где-то жиды,
Славяне туда же, мол нечеловеки.
И люди, как псы, за подачки еды
Служили бы рейху в двадцатом-то веке,
Когда уже рабство ушло из умов,
И вроде права и свободы в законе.
Но тут раса первых, "достойных", сынов,
Иные - плебеи, чтоб жили в загоне...
Питались бы с рук и служили как скот...
Но слава Великим Советским солдатам.
Ведь в вечном долгу каждый ныне живёт,
За то, что они сотворили когда-то...
И как только гадов тех носит земля,
Кто свастику славит и зигу кидает,
Да память марая и смрад сей хваля,
Живёт и планету собой отправляет.
Их надо забыть, уничтожить как класс...
Не может сегодня им быть оправданья.
Есть правда и честь, вот что свято для нас,
А эти скоты не достойны вниманья.
Мы чтим память предков, нам давших сей свет,
Кто жизнь не жалел за спасение мира.
А если и есть те, кто тут скажет "нет",
То им я от сердца желаю клистира.
Увы, они есть, но и правда жива,
Ее не украсть и не сделать иною.
Спасибо же предкам, что эти слова,
На русском пишу и горжусь я страною!

Владимир Фомин

Метель во дворе всё бушует уж час...

Метель во дворе всё бушует уж час.
А дома тепло, треск в камине и плед.
Погода не слишком-то балует нас,
Но лучше мороз, чем из ливней "букет".
Ведь можно уютно сидеть у окна,
Смотреть на пургу, поднимая бокал
(Кто виски со льдом, кто сухого вина),
Что этой метели ты всё ж избежал.
Сидишь сам в тепле, и тебе хорошо.
Как будто вокруг нету вовсе проблем.
Ты полон идей, на душе вновь "свежо"
И даже не грузишься боле ничем...
Да, эти мгновенья нечасты, а жаль.
Зато их ты ценишь и сим дорожишь.
Метель утихает, а с нею печаль.
И в плед завернувшись в спокойствии спишь...

С утра снег шёл с небес

С утра снег шёл с небес, земля вся стала белой.
Белеет даже лес с листвой заледенелой,
Что всё ещё висит на исхудавшей ветке,
И на ветру дрожит, играя при подсветке.
Сегодня дивный день: как будто бы урвали!
Гулять совсем не лень, лишь бы домой не звали.
И вот вся детвора из снега строит крепость,
Обедать уж пора. Домой? Сейчас? Нелепость.
Гулять, лепить, играть. Вот, что сейчас им надо,
А после отдыхать? Нет, танцы до упаду...
Жаль в этот год снегов все ждали очень долго,
Но каждый был готов. В надеждах мало толку,
Когда зимой плюс два и тает как в апреле.
А кое-где трава и слышен стук капели.
Но всё же повезло, дождались снегопада.
Всю землю замело - для сердца как услада.

Владимир Фомин

Налей-ка пенного мне кружечку...

Налей-ка пенного мне кружечку - другую.
Сижу один, друзья ещё в пути.
Я не хочу, чтоб жизнь прошла впустую,
Но жизни путь пока не смог найти.
А может смог и движусь, но не быстро,
И мне на нём ещё не повезло.
Иль на кону не те всё время числа,
А я жду шанс всем трудностям назло...
Вопрос такой, вот что готовит время?
Удачу, шанс или снова камнем вниз...
Налей-ка пенного, а после ногу в стремя -
Пью за друзей. Отличный ведь девиз!

Наконец, пришла зима!

Я довольный и счастливый: наконец, пришла зима!
Вид на улице красивый, под снегами все дома.
В синем небе словно павы проплывают облака.
Сосен кроны величаво машут нам издалека.
Ветер нежно их качает, будто мачты кораблей.
Грусть из сердца забирает и уносит поскорей,
Оставляя наслажденье этим зимним ясным днём:
Вот источник вдохновенья. Что ж, давай гулять пойдём...

Ссоримся... Миримся...

Ссоримся. Миримся. Круговорот.
Вечный вопрос: что же завтра нас ждёт?
Знай, что любил тебя, ангел, всегда.
Буду ль любить тебя завтра? О, да.
Буду страдать, но терпеть я готов.
Чувства к тебе описать нету слов.
Ссоримся. Миримся. Знай - ты моя!
Счастлив с тобою, скажу не тая.

Владимир Фомин

Смешное нынче время

Смешное нынче время - сказал бы век чудес.
Родился идиотом, но коль удачно влез,
Примкнул поближе к власти иль стал одним из них,
Замашек стало больше, при этом всё плохих.
И гонор вдруг проснулся и дерзость, и понты.
Как раньше серым, тихим жил и работал ты?
Отныне лишь приказы и исполненье в срок,
А если кто не тянет, то сразу - матерок,
Угрозы и издевки. А сам то тянешь ты?
А хватит компетенций иль знаний широты?
Ох, это всё вторично, сидишь-то высоко,
И сам, как в шоколаде (сложилась жизнь легко).
Но вот одна проблема: ты без системы ноль.
Тебя не жаль, конечно, лишь за державу - боль.

Солнце светит в небе синем в середине января

Солнце светит в небе синем в середине января.
Правда, не было в помине, чтобы, радость нам даря,
Землю солнце согревало средь зимы, коль снега нет.
Грязь и слякоть. Ох, достало, что вокруг лишь серый цвет.
Где же белый, чистый, нежный, тот, что с детства был всегда...
Ждёт лишь грязно-неизбежный цвет, накрывший города.
Но сегодня солнце светит, может, хватит серых дней?
Рады взрослые и дети, ждём же зимушку скорей...

Владимир Фомин

Счастье в любви, ну, а деньги ...

Звучали фанфары, гремели овации,
Мы слушали речи про инновации...
Нам всем обещали прогресс, что вот-вот
Дотянемся вмиг до вселенских высот,
Что будем мы жить ровно как короли,
Ни больше ни меньше: трусить на Бали.
Но есть одно «но», надо выбор свершить
И ваучер личный в систему вложить...
Откуда люд знал, что всё рухнет за час,
Останутся все без гроша в сотый раз...
Доверчив уж слишком наш русский народ,
Жаль задним умом понимает, что врёт
С экранов реклама про рай на земле,
Где море и пальмы, всегда ты в тепле...
Доверчив народ, что ж он верит всему...
И снова и снова внушают ему:
Теперь есть проценты, кредиты, торги...
Когда же вы включите, други, мозги?
Что прибыль свою заработаешь сам
Лишь тяжким трудом, так не верь чудесам.
А люд вечно верит - сейчас повезёт
И кто-то на блюдечке им принесёт
Все блага земли, забывая о том,
Что счастье не водится в сердце гнилом.
И надо жизнь жить в чистовик каждый день,
Не важно, что легче иль то, что уж лень.
Лишь став человеком понять суждено,
Что счастье в любви, ну, а деньги – г..вно!

Владимир Фомин

О создании синематографа и размышления о киноискусстве

В далёком прошлом были годы,
Когда не знали про кино.
И для досуга все народы -
Кто просто пялился в окно,
Кто побогаче - то приёмы,
Кто победнее - раньше спать,
Ещё и книжки (аж до дрёмы,
Их уж наскучило читать) ...
Не всем театры по карману.
Да и рояль не в каждый дом
Позволить могут, как нирвану,
Чтоб музицировать потом.
Да, есть картины, есть романсы,
Есть разговоры и балы
(Где строгих правил даже танцы) -
Ну чем не символ кабалы.
Все ждали чуда, лучик света,
Чтоб получить свой позитив.
И приготовили монету,
Чтоб это чудо оплатив,
Могли глазеть и наслаждаться.
Но вот, увы, движенья нет.
И надо в театр собираться,
Туда хотя б купить билет.
Зато в Лионе, граде старом,
Один райончик – «Монплезир».
Там за копейки, почти даром,
На Сент-Виктор, как ориентир,

Луи Люмьер и старший братец,
Засняли первый фильм о том,
Как среди пущих неурядиц,
Их работяги шли пешком

Владимир Фомин

С работы тяжкой и фабричной.
Кто по домам, кто по делам:
Движенья были хаотичны,
А при просмотре тут и там,
То мимо двигалась повозка,
То вдруг собака пробежит.
Но в кадрах было столько лоска,
Что фильм манил всех, как магнит.
Показ сей "кино - эпопеи",
Что длилась сорок лишь секунд,
Был платным. Так что все плебеи,
Кусали локти, жаждя бунт.
А вот за твёрдую монету,
В Париже в марте для господ,
Тот фильм потряс собой планету:
Как покидали свой завод
И шли домой - сюжет несложный,
Но это первый фильм в миру.
Хоть кто-то звал его безбожный,
Но через сутки (поутру)
Трубили все газеты хором,
Мол, есть в искусстве том прорыв,
И что особым лишь прибором,
Картинки разом обхватив,
Движенье стало всем подвластно.
Пускай без звука, ничего.
Снимать становится "заразным",
Ведь применимо для всего.
Чуть позже поезд братья сняли,
Как прибывал он на вокзал,
И кресла в воздухе летали,
Ведь в страхе люд стремглав бежал.
А поезд мчался ближе-ближе,
Вот-вот он въедет в полный зал.
Хоть в цикле первом, что в Париже,
Сей фильм в десятку не попал.
Зато потом их было много,
Почти две тысячи работ.

Владимир Фомин

Леса, моря, поля, дорога –
Всё исторический отчёт.
Потом сюжет – нужны актёры,
А позже звук и даже цвет.
Цениться стали режиссёры,
Их отмечали в честь побед.
Сегодня ж графика и трюки,
А каждый фильм часа по два.
И не нужны души уж муки,
И не играет роль канва…
В ходу примочки подороже,
Пиар, билборды и встречай –
Продукт, увы, на всё похожий,
Но приносящий урожай
Из статуэток самых разных,
А также денег аж мешки
Для корпораций полновластных.
И ведь снимают вопреки:
Чем больше грязи, тем успешней,
Чем меньше смысла, то фурор.
Чем ниже качество – потешней,
Не диалоги – разговор
Да ни о чём (слова без смысла),
А критик скажет – тонкий ход.
За этот штрих на счёте числа
Растут, раз высится доход…
Но вот искусством вряд ли станет,
То, что сегодня звать – кино.
И год от года только вянет
Синематограф. Вот уж дно…
А сколько было ожиданий…
Быть может, сбудутся они.
Гламура б меньше притязаний,
А также разной болтовни.
Тогда и качество вернётся.
Ну, а пока система жжёт:
В экраны коль народ уткнётся
И деньги радостно несёт,

Владимир Фомин

То будут фильмы однодневки.
Не их Люмьер хотели снять...
Ведь тут и мат, чернуха, девки,
А путь актёрский чрез кровать.
Выходят сотни фильмов разом,
Увы, процент достойных мал.
Не удивить теперь показом,
Коль на айфон ты фильм отснял.
Что будет завтра мы не знаем:
Кино сто двадцать пять уж лет.
Снимать шедевры мы желаем,
А ширпотребу - скажем нет!

Владимир Фомин

ИРИНА ВОРОНЦОВА

Спешил мороз...

Распушилась зима
И морозцем ударила!
Подвалила снежку,
Все дорожки загладила.
И деревья стоят,
В бело - розовых платьицах,
А мороз - красный нос,
На санях с горки катится!
Ночь пришла,
В тёмной шали и в бархате.
Застелила поля
Чёрной шёлковой скатертью.
Блещут звёзды в ночи -
Наблюдатели -
Дед седой на реке
Лёд куёт под коньки! Замечательно!
Утром солнце встаёт
Спелой розовой ягодой...
Облака, многоярусной,
Дымчатой, светлою пагодой...
А мороз, всё летал!
Над полями, лесами, светёлками...
Он прорехи латал
Ледяными своими иголками...
Понял дед -
Опоздал он, немножечко...
Солнце снег его месит
Лучом - тонкой тёплою ложечкой!
Небесам не догнать!
Как спешил наш мороз!
Всё успеть залатать!
Довести всех до слёз!

Чтоб мир был, у каждого в доме!

На фронте опять передышка.
Счёт слышен гадалки – кукушки.
Играет на скрипке мальчишка,
Среди партизан, на опушке.
Звучит полонез так протяжно,
Те ноты, из жизни былой помнят руки,
Где счастлив он был – это важно!
И кверху летят его звуки!
Тоскует душа у мальчишки,
Калитка у дома не скрипнет,
На добрых воспитан он книжках,
Не думал, что счастье погибнет...
Он маму, отца вспоминает,
Родную сестрёнку – малышку.
Не верит, что нет их и сердце – рыдает,
Забиты гробы их под крышку.
Для них - самых близких играет.
Быть может, услышат их души,
Как сердце в разлуке страдает -
Будь проклят! Кто счастье разрушил.
И вновь рвут затишье снаряды,
Кукушка замолкла и скрылась.
Не скрипку – винтовку зарядит.
Сегодня, она ему снилась.
Он вместе с бойцами сражался!
Чтоб мир был у каждого в доме!
Коль жив до сих пор и не сдался,
Война пусть останется в коме!
Чтоб музыка - счастьем звучала!
А дети, не видели горя!
О нём, чтобы скрипка молчала.
Чтоб мирными были все зори!
А те, кто с войною пришёл, убивать!
Получат, удар за ударом!
Четыре разочка накуковать,
Успела кукушка – недаром.

Ирина Воронцова

Подарок для сестрёнки

Ай – да кукла! В стиле Тильда –
Настоящая Матильда!
Просто радость для девчонки –
Для моей родной сестрёнки!
Эта кукла, в стиле Тильда,
С ярким именем – Матильда,
Эксклюзивна, модна, стильна,
Приодета креативно!
Голова как у барашка –
В длинных, чёрненьких кудряшках,
Ножки в розовых сапожках,
Сарафанчик – весь в застёжках!
Зонтик яркий, от дождей –
Я старалась – всё при ней!
Для сестрёнки куклу сшила –
Получилась – очень милой!
Подарю сестрёнке Тильду –
Ей понравится Матильда!
В куклу вложила сердечко –
Мы сестрёнки – это вечно!

Восьмое марта

Весенним днём – вначале марта
Дарят женщинам цветы…
Нет красивей в жизни старта
Для красавицы – весны!
Этот день звучит капелью,
В гости к нам пришла весна!
Но кружат, порой, метели –
Не сдаётся в плен зима…
День – длиннее, ночь – короче,
Поутру – ледок трещит,
А растаяв днём – клокочет!
Снимет март морозный щит!
Жизнь – разбег берёт, рождаясь,

Ирина Воронцова

Поплывёт ручьём зима!
С мартом смелым повстречаясь,
Напоит поля, луга...
О прекрасном и о главном,
Птица звонко прокричала!
Что не зря берёт начало,
Праздник женский, в марте славном!
В этот День – Восьмого марта,
Дарят женщинам цветы,
Символ новой жизни – старта!
Теплоты и доброты...

В этот день – февральский...

В этот день – февральский, предвесенний,
Сердца сильнейших – звёздами сияют!
В последнее зимою воскресенье,
Уроки мужества мужчины отмечают!
Все женщины желают вам здоровья!
Им с вами и уютно, и надёжно –
Любовь на свете – будет просто вдовья,
Без вас она, по факту – невозможна!
И в этот день – февральский, предвесенний,
Особое к мужчинам уваженье!
За безграничную отвагу и терпенье,
За ту любовь, что дарит вдохновенье!
За руки ваши сильные, мужские,
Поддержку слабым, за намеренья благие!
А главное, что ваши дети,
Гордятся вашим мужеством на свете!
Вы, главный им пример для подражанья,
Опора не в словах – вполне реальна!
И если враг рискнёт наслать ненастье,
Поддержим вас в борьбе! Мы все за мир!
За наше с вами – счастье!

Ирина Воронцова

Метёт, поёт, шагает месяц зимушкин

Метёт февраль снегами мокрыми,
Ветрами резкими седой февраль поёт!
К весне, ночами, он идёт шагами робкими,
Сапожки - скороходы - днём куёт!
Плывёт дымок из труб не кверху, а в стороночку,
Под ветром, приклоняется к земле...
Морозец грянет - как солдатик, в струночку!
Белёсым облачком растает в вышине...
Хозяйки, для блинов, рецепты приготовили,
Но самый яркий блин, уж небо веселит!
Его лучи, повсюду снег взбуровили!
Весну – голубушку встречать быстрей спешит!
Метёт, поёт, шагает месяц зимушкин!
Его деньки уж календарно сочтены...
Добавят блинчики и радости, и силушки,
Чтоб вновь встречать все прелести весны!

Ирина Воронцова

ДАРЬЯ СКУЗОВАТКИНА

Немного зимнего снобизма

Волна январского разбоя
Нахлынет на́ берег Руси:
То от метелей нет отбоя,
То мелко хлопок моросит.
И светлой полосой тумана
Заволокутся небеса.
Пустует глубина кармана,
Пустеет трассы полоса.
Глухой рокочущий автобус
Прорежет свет библиотек.
Во сне ворочущийся глобус
Хозяйски укрывает снег.
Подчас заблудшая комета
Расчерчивает неба прядь...
Бомжую я от лета к лету,
Но, Боже мой, как долго ждать!

Ходы

Да уж, пахнет как будто морем -
Духотой и столичной спешкой.
Мы играем с самой судьбою.
Она ходит конём, я - пешкой...
Смехотворно игральные поле
Этой клетчатой старой аллеи.
Отдаю ей коня (он болен).
Всё мы жизнью слегка болеем.
Как нелепы седые слухи!
После партии нервно куришь.
Не скукожить слона до мухи,
И её до слона не раздуешь.
Как из правды не сделать тайны?
Пешка вновь короля роняет.
У судьбы все ходы случайны,
Но она всё равно побеждает...

Венчание осени

Фата тумана ниспадала
На плечи голые аллей.
И я свидетельницей стала
Помолвки северной твоей.
Простое свадебное платье
Из гнивших листьев и зонтов
Тебе нахваливают сватьи,
Вплетая ленты облаков.
И вмиг разносятся ветрами
Твой надрывающийся стон
И плач, пропитанный дождями
И атмосферой похорон.
О, ты, сосватанная дева,
О, ты, сторгованныя дочь,
Одним мгновеньем пролетела
Твоя предсвадебная ночь.
И вот в разрушенной часовне
В озёра мутные от слёз
Глядится муж договорённый,
Твой личный бич, седой мороз.
Он тянет ледяные губы,
Соединяя вас на век.
И недостроенные срубы
Неспешно покрывает снег.

Заблуждение

В угоду ученьям, огромным, но пыльным,
Кричите:
–Нас мало, а всё же мы выстоим!
И честно напишут на плитах могильных:
"Они заблуждались, но искренне!"

Дарья Скузоваткина

Уезжающий

Вот вокзал. В прощаньи льнут к друг дружке пары,
Серо, ветрено, поблёкло, и не верится,
Что меня в Сарове ждёт метелица,
И кудряшки кристаллического пара.
Лёд морщинками уже исполосован,
На коньках за шайбой братья мои гонятся,
А сосна рассерженная клонится,
Недовольная устроившими гомон.
С горки видны пятна черепицы,
Лохмы по плечам свисают льдинками,
Череда цветастых улочек картинками
В самом центре города толпится.
И расписаны оконные проёмы,
Я коснусь стекла ладонью замерзающей...
Вдруг толкнула проводница: "Провожающий?"
"Нет, я уезжающий до дома!"

Потепление

Мы не будем февраль за капель осуждать,
Ну, раскис он немного - со всему бывает,
Зато как золотится оконная гладь
Сквозь еловые маковки, свет отражая.
И как призмы с сосулек срываются вниз
На макушки прохожим, языки дошколятам.
И пускай не похож снег на девственный лист,
И окурки не все получилось попрятать,
Но смеётся, хохочет резной небосвод,
Одноглазого мигает смутившимся лужам.
И ленивый февраль лижет спину, как кот,
Ну и пусть, ведь он нам ледяным и не нужен!

Дарья Скузоваткина

Рояль

Занесённый толстой плёнкой пыли,
Скукожась, спит эбеновый рояль.
На нём лежат сигары и бутыли,
И пепел, и потёртая печаль.
На клавишных зубах - налёт забвенья,
И пыльная седая голова
Задумалась о взмахах вдохновенья,
И нотных незабвенных кружевах.
А если заглянуть в глухие недра
Пустого зала незаконченных сонат -
Там струны, словно порванные нервы,
Ветвями во все стороны точат,
И искарёженные пальцы молоточков
Едва из паутины восстают.
Но он, слегка покрытый оболочкой
Сторонних грёз, ещё лелеет и свою,
Что вот из-под безжизненных развалин
Появится заветный музыкант
И чуть касаясь клавиш, заиграет,
И оживёт усталый арестант.

* * *

Затёртый сборник романсовой шелухи
Взывает ко мне жухлой бумагой
И тянет к свету заброшенные стихи,
Распластавшиеся наго.
И манит запахом цитрусов и кешью,
Шуршаньем простых русских фамилий,
Ещё одним воплем заглохнувшим "я люблю",
Чей смысл давно забыли.
Всё рвётся слово и мечется мотыльком,
Шестнадцатыми трепещут мотивы.
И я, страницы проглядывая мельком,
Беру позабытые лиры.

Дарья Скузоваткина

***

Мгла тьмою небо покрывает,
Страдая от невыносимой муки,
А мы гвоздями прибиваем
Распахнутые в объятьях руки...

Обращение

"Язык имеешь — говори, не бойся мнений.
Не считаю, что знаю любовь и обман,
Но неправыми может быть тысяча поколений...
О капитан, мой капитан!
Имею уши и слышу, — а верю мыслям.
Не дай мне отойти от своих идей,
Не показываешь дорогу, в этом нет смысла —
Я пойду по кривой, своей.
Имею чувства, без них — силуэты
Не люди!.. Пишу, если есть талант!
С любовью,
 от Общества Мёртвых Поэтов."
(О капитан, мой капитан!)

Дарья Скузоваткина

ДАРЬЯ ЧУГУНОВА

Твои глаза

В твоих глазах был страх и боль,
Но ты, беспечно улыбалась,
Ты лучше всех актрис играла роль,
Сквозь омут боли ты смеялась.
В твоих глазах запечатлён рассвет,
И мудрость сотен поколений,
В них первый раз увидел свет,
Сквозь тени солнечных затмений.
В твоих глазах глубокие моря,
В них в вечность открывался путь,
И с головой нырнув в эти глаза,
Не пожалел бы утонуть.
В твоих глазах идеалы красоты,
И бесконечности секреты,
Они как свет наивны и чисты,
Я на вопросы в них искал ответы.
Твои глаза прекрасны как цветок,
Восьмое чудо посланное свыше,
О чем же так кричат твои глаза?
Я всё отдал бы, что б услышать.

О Боге

В какой истине кроется смысл,
Философских рассуждений о Боге,
Миллионы поломников ищут,
Обивая церквей пороги.
В чем есть суть христианства,
И к чему приучают с детства,
У икон тихо читают Отче наш,
В храм принося младенцев.
Сквозь молитву общение с Богом,
Мы клянёмся впредь не грешить,

Искупление земных пороков,
Исповедь – новая жизнь.
На причастии дары вкушая,
От создателя плоть и кровь,
Грязные души святым очищая,
Но, дьявол в пропасть толкает вновь.
Кем мы станем в небесной жизни,
Если ли рай хранилище душ,
И будут ли вместе в вечности,
Небом венчанные жена и муж.
На вопрос, казалось бы вечный,
Устремив взор в Иконостас,
Мне священник тихо прошепчет:
Дитя, Бог с тобой, и с каждым из нас.

Альтруистка

Ты готова дарить людям всё,
Разрывая себя на части,
Отрывая куски ещё и ещё,
Забывая о собственном счастье.
Ты наверное стала б святой,
И навек дав обет молчания,
Для себя оставаясь пустой,
Лишь помочь бы тем кто в отчаянии.
И что б в мире не было войн,
Про себя шептала губами,
Но никто не кричит я с тобой,
Сокращая боль расстояний.
Ты готова укрыть всех от бед,
Страхи пряча под серым пальто,
И сберечь вкус чужих побед,
Но тебе, не поможет никто.
Разбиваешь мечты о порог,
А на теле новые шрамы,
Родная, кто бы тебя сберёг,
Залечив открытые раны.

Дарья Чугунова

Мы любим тех кто недостоин

Мы любим тех, кто недостоин,
И утопая в холоде разлуке,
Крича себе я бесконечно болен,
Привыкли греть чужие руки.
Ничтожен пыл сгорающей любви,
И от скитаний разрывает сердце,
Мы любим тех, кто недостоин,
Замки ломая на закрытых дверцах.
Бродя по лезвию ножей,
Похоронивши чувства и пороки,
Душа оставшись в неглиже,
Скитается средь одиноких.
Мы любим тех, кто недостоин,
И в вечности обречены на муки,
Крича себе я бесконечно болен,
Привыкли греть чужие руки.

Вы

Я Вам кричал,
А Вы молчали,
Молчание безропотно храня,
Я Вам кричал, а Вы молчали,
Молчанием убивали Вы меня.
Я Вас просил,
Скажите же хоть слово,
Издайте хоть малейший вздох,
Я Вас спросил, а вы любили?
Ну разве я был так уж плох?
Я умолял,
Остаться Вас со мною,
Поверьте,
Ведь слова мои не просто звук,
Но Вы ушли не обернувшись,
Оставив мне лишь холод Ваших рук.
Я Вас любил,

Дарья Чугунова

Любовь отчаянна,
От первой робости и до последнего огня,
Других Вы соблазняли обнаженными плечами,
Моя любовь Вам стала не нужна.
Я Вам кричал,
А может всё неправда,
Не склонен верить сплетням я людским,
Я Вам кричал, сквозь омут боли,
Я с Вами стал совсем другим.
Глаза мои теперь печальны,
Без омута бездонных Ваших глаз,
И я один наедине с молчанием,
С бездушностью из глупых фраз.
Я Вам кричал,
Уже в отчаянии,
Прошу услышите же меня...
Я Вам кричал:
Начнём сначала?
Но Вы уже не слышали меня....
***
Растворяя себя в человеке,
Одну истину помни на век,
Если ты не познал слово — счастье,
То зачем же такой человек?

Дарья Чугунова

Я тебя излечу от горя

Я тебя излечу от горя,
И укрою под солнцем от бед,
Стану синим бескрайним морем,
Выводя твою душу на свет.
Я закрашу все твои шрамы,
Станет миром твоя стезя,
Залечу открытые раны,
Не кричи, что к тебе нельзя.
Не отталкивай ставя границы,
Возводя свои стены в храм,
Не ищи себя в чужих лицах,
Я тебя никому не отдам.
Не прошу как они раздеться,
Не прошу наготы твоей нет,
Прижимая ладони к сердцу,
Я укрою собой от бед.
Отражаясь зеркальном блеском,
Собираясь в капли дождем,
Я хочу стать последним отрезком,
Частью космоса в мире твоём.

Дарья Чугунова

ЭЛЕОНОРА ДВОРЕЦКОВА

Боже, храни

Боже,
храни под моими ногами землю,
чтоб не плыла под ними
и не роняла ниц.
Боже, храни,
и тогда мы умрем живыми
в отличьи от этих бездушных и лживых лиц,
что мертвы внутри.
Боже,
храни над моей головою небо,
чтоб не упало
и не разбилось в хлам.
Боже, храни,
где б и когда я ни был,
чтобы звезды четко и по пятам
за собой вели корабли.
Боже, храни.
Ну пожалуйста,
сделай милость.
Это так просто тем, кто велик –
Богам.
Чтоб все на части и крошки не развалилось,
чтоб не летело насмарку ко всем чертям.
Боже, храни.
Равновесие очень шатко.
Мир непонятен
и чаще всего жесток.
Боже,
ведь мы просто дети на крохотной детплощадке.
Но присмотреть за нами
никто
не смог.
***

Безумие

Жгите костры и вселенной бездны.
Веселитесь пока есть силы.
Мы не знаем,
 как быть полезными.
Знаем только,
 как быть счастливыми.
И несчастные прячутся по углам.
Нас боятся –
 живые мумии.
Если горести от ума,
значит, мы есть само без
 умие.
Без царя в голове.
Без принципов.
Среди нас короли и дамы,
герцогини, и даже принцы,
повелители и жандармы.
Мы в иллюзиях.
В нас иллюзии.
Мы за гранью,
мы просто «за».
Мы решили побыть счастливыми,
если горести от ума.
***
Ничего мы так и не поняли.
Сотни лет эволюции видно просто потрачены.
Те же грабли на той же дороге –
пожелайте удачи.
Вот ведь как вышло странно:
мудрецы ошибались, пьяницы пели истины,
но глаза закрывай уверенный –
все повторится сыстари.
Взрослые дети расставят по полкам книги,
в них только правда,
но шаткая, словно нервы.

Элеонора Дворецкова

Их они будут петь на ночь и своим детям,
наверно.
Будут вещать,
говорить, что все знают,
ведают.
(Им ведь когда-нибудь тоже под ночь читали)
Правда их в сущности меньше чем суеверие.
Правда?
Едва ли.
Толпы людей будут громко кричать что знают,
что это просто и ясно как дважды два.
Дети себя никак неправыми не признают.
Вы ничего не знайте.
Ведь правда, да?
***

Тело

Это тело боле недееспособно.
Оно так устало,
 оно ни о чем не грезит.
Его заводной механизм безнадежно сломлен,
летальная неисправность видна в разрезе.
И это конец.
И телу осталось только
дождаться развала злосчастного механизма.
Пусть медленно ржавью покроются шестеренки,
пускай календарь в жуткой спешке сменяет числа.
И вот это тело средь груды металлолома,
средь сотен других
 и детали под солнцем
 плавятся.
Нам всем бы табличку,
 где красным по белому
ОСТОРОЖНО
Прошу, люди слишком легко ломаются...
***

Элеонора Дворецкова

Мы когда-нибудь точно встретимся

Мы когда-нибудь точно встретимся.
Буду ждать.
Пусть земля вращается на оси,
как на вертеле,
/не догнать/
И по ней промозгливо моросит.
Сокращая мили
и сделав шаг
по длине городов и ненужных мнений;
Ты маяк, не правда ли,
мой маяк?
И плевать, как огромны, кошмарны тени
от тебя,
если ты разгоняешь мрак.
Мы пойдем друг к другу.
Вперёд,
быстрей.
За спиной оставив простор бескрайний.
Пусть над морем вечно шумит борей,
и пылится почва под сапогами.
Мы сойдёмся в точке одной.
Смотри.
Ты поспеешь к завтраку – хорошо.
И в лучах неясной хмельной зари
оброни негромкое:
Я пришёл.

Не моли

Не моли.
Не моли о тепле,
Как последний замерзший нищий.
Нам до льдов далеко,
До метелей,
До снегопадов.
Не моли.

Элеонора Дворецкова

Не моли о руках,
О покатой надежной крыше.
Не моли.
Не моли.
Не надо.
Не моли.
Не моли ни о чем.
Ты не слаб,
Не сутул,
Не сек.
Не моли,
И чужое плечо
Для чужих береги калек.
Не моли
Никого.
Не моли
Никогда.
Не клони пред судьбой колен.
Не моли.
Пусть несутся галопом года,
Года,
И пусть все обратится в тлен.
Не моли.
Ты ведь всех сильней.
Ты скала посреди равнин.
Не моли.
Ни за что.
Ни про что.
Никак.
И останься
В конце
Один.
***

Элеонора Дворецкова

Цикл

С самого утра навалилась слабость,
и вон из рук валится все.
Что теперь осталось мне делать?
Порочный круг
  начинается со звона будильника
и кончается тоже им.
В полудреме до холодильника.
Мерзкий кофе, табачный дым.
Головные боли и хрупкость тела.
Нет
  оно не выдержит до конца.
Мы хотели,
  мы так хотели быть собой похожими на творца,
И хотя бы судьбы себе отстроить
(но на самом деле хоть целый мир).
Все ломается, рушится.
Мы не можем
  даже эти нелепости вынести.
Руки дрожат, ничего не держат,
сил больше нет продирать каждый день глаза.
Путь от кровати до офисного стола...
Вера в возможности этого мира тоже уже иссякла.
как же противно смотреть на свое бессилие
Мы так о многом смели мечтать когда-то.
Ставлю часы на семь.
Замыкаю линию.
***

Элеонора Дворецкова

Мы тонули в слезах и немой печали

Мы тонули в слезах и немой печали.
Нам кричали:
уныние - смертный грех,
не хнычь.
Мы пытались сбежать,
но стоим опять на причале.
Там где чаячьи крики срываются в пьяный кличь.
Это море -
соленое и большое.
Оно видно выплакано,
вырыдано из глаз.
Словно горе
распласталось до горизонта,
размыв под собой устои.
Если так -
то великий грешник здесь был до нас.
Он топил
все в тоске и муках.
По щекам водопады стекали вниз
и лились.
Холодели руки,
и душа превращалась в холодный бриз...
...Помолись.
Что б вода не сокрыла собою мир,
что б не плакали толпы,
что б и ты сам был прям.
Не сломлен.
Грешник к жизни был видно вовсе не приспособлен.
В общем-то, как и мы.
Но неважно,
пусть вовсе утонет берег.
Мы не будем сбегать, наступая на те же грабли.
Если это потоп
из уныния и истерик,
Нами неустанно будут строиться корабли.
***

Элеонора Дворецкова

Они крылья не выберут.
Никогда.
Землю целовать - их удел.
Но взлетишь ты, как тут
прет толпа
И кричит, ты им небо загородил.
***
Мы когда-нибудь станем теми,
Кем стать хотели.
Будем строить себя высотками,
В небо воткнутыми.
Станем портреты свои рисовать,
Не спрашивая,
Что прибавить, отнять -
Маслом, гуашью ли.
Свергнем своих богов,
Изничтожим правила,
Что из древних веков
Жизнью правили.
К черту приказы вышних,
Хмельные догмы.
Ведь ты родился /слышишь?/,
Чтоб быть свободным.
***

Элеонора Дворецкова

Мы повзрослели чертовски быстро

Мы повзрослели чертовски быстро.
/пленка на перемотке/
Летели года и роняли числа,
жизнь разбавляла крупицы смысла
сначала в соке
  а после
  в водке
Вот и
  понятно стало:
единственное в чем взрослые были правы,
так это в том, что всегда успеем стать выше.
(это та мудрость, которую мы не желали слышать)
Мы не слушали
  и мечтали
поскорее достать ногами
  до пола.
Поскорее пойти бы в школу...
Мы не знали ведь как на деле,
мы так многое не успели,
мы надеялись
и надежды бились об жизнь насмерть.
Вот и мы теперь взрослые и пустые.
/но зато под ногами твердь/
Мы примерили все кошмары,
не боимся ночей и молний.
(защемляющих подбородок или же небеса)
Мы отводим свои глаза.
Все,
  чего мы хотели раньше,
В мусоре под забором.
Все,
  что считали страшным,
Носим в кармане брюк.
И теперь уже без разбора совершаю привычный
крюк.
Мы повзрослели чертовски быстро...
Мне безнадежно жаль...

Элеонора Дворецкова

***

SILENTIUM

С твоих губ срывается тишина,
падает вниз,
где ее
 накопилась
 рать.
И неважно как много слов,
и как громко их говоришь,
только лишь тишина
 с твоих губ
 продолжает
 капать.
Только лишь тишина.
И она затопила мир.
Мир по-рыбьи откроет рот - все равно немой.
Поскорее закройте уши,
ведь мы
 кричим.
Только легкие
 полнятся
 тишиной.
Голоса плывут,
 тишину плодя.
Мы стоим по горло в беззвучной полифонии.
Нас никто не слышит,
/смешно сказать/
потому что мы сами
давно
глухие.
***

Элеонора Дворецкова

ЕКАТЕРИНА ХАЛИНА

Последний раз

Скажу тебе последнее «Привет!»
С улыбкою обыкновенно яркой.
Нарушу я свой собственный запрет,
И завершу всю книгу я помаркой.

Спрошу у тебя нежно: «Как дела?»
И с замираньем сердца жду ответа.
Не будет от меня теперь тепла,
Как нет и яркого былого света.

Дрожащим голосом произнесла: «Прощай?»
Чуть слышно мне шепнул: «До скорой встречи».
Всё так же шёпотом: «Меня не забывай».
Пожал плечами ты: «Ничто не вечно».

Махнула на прощание рукой
И дверцу в сердце бережно прикрыла.
И льются слезы бурною рекой,
И болью наливается затылок.

Я тихо шла от сердца твоего.
Шла прочь по острым камням и колючкам,
Чтобы не видеть этого всего:
Распятую любовь на ржавых крючьях.

Сломано

Ненавидь меня –
И я возненавижу тоже.
Полюби меня –
И я смогу любить.
Я на тебя
До боли так похожа,
Но на себя
Мне нужно походить.

Почему бы не поговорить?

Клади оружье, человек!
Не пробуй ты решать всё силой.
Прошёл не один век,
С тех пор, как были мы громилой.

Но дикий первобытный зов
Не покидает твои уши,
Идёшь по лестнице голов,
Ломая жизни, судьбы, души.
И что сложил ты автомат,
Ещё совсем ничто не значит.
И пусть ты больше не солдат,
Тебе аукнется отдача.

Оружие – совсем не то,
Чем тело слабое калечишь.
Словом, что выдал ты потом,
В силах гору взвалить на плечи.
И им же можно от оков
(Оков духовных) дать свободу,
И океан всемирных льдов
Может за слово таять в воду.

Используй величайший дар,
Что только люди здесь имеют
Не ради мести. Тот пожар
Снежинки холода посеет.

Так будь разумным, человек!
И взвесь ты слово перед речью,
Не допускай такой забег,
Где все получат по картечи.
А если всё же ты не смог –
Бросай всю гордость, извиняйся!
Выжги в мозгу тот каждый слог.
И никогда не повторяйся.

Екатерина Халина

Все люди могут говорить,
Не нужно глотки грызть друг другу!
Проблему так легко решить,
Пожав своей рукою руку.

Клади оружье, человек!
Винтовка, слово, взгляд – не важно.
И человек есть человек,
Пока что совесть не продажна.

Всё когда-нибудь пройдёт

Уже не вызывает страх
Твоё загробное молчанье.
Теперь улыбка на устах.
Моё прощание с отчаяньем
Мне больше не увидеть в снах.

Не отливай печали мне
Со дна души глубоких глаз,
И так сидеть мне в тишине.
Река невысказанных фраз
Приводит как всегда к тебе.

Ты ждёшь ещё или ушёл
Куда-нибудь, где дарят свет?
Надеюсь, ты его нашёл.
Ведь к сожалению я – нет.
Он мимо вспыхнул – и прошёл.

Мне молча тишина шепнёт,
Накинув темноту на плечи:
Знай, у всего есть свой черёд,
Ты помни, что ничто не вечно,
Что всё когда-нибудь пройдёт…

Екатерина Халина

От «ты» до «Вы»

О Боже! Как же меня бесят
Все Ваши лицемерные слова!
В душе же Вы всегда поёте песни,
Вперивши грустные в меня глаза.

Вы думаете, ничего не вижу?
Спешу уверить Вас, что всё не так!
Вы волнами души снесли сто хижин.
А возвести одну для Вас пустяк?

И я же вижу, нет уже той искры,
Которая нам ночи освещала.
Перегорели Вы, скажу, довольно быстро.
Не вспыхнет уголёк так, как сначала.

И держитесь, как тонущий за шест,
Хотя Вы, собственно, давно уже на суше.
Но в моём сердце, как назло, нехватка мест.
Ни Вам, ни мне от этого не лучше.

Ведь были времена, когда на «ты»
Друг друга днём и ночью называли.
Сейчас не хватит сил сменить бинты,
Что в сердце Ваши шрамы закрывали.

Екатерина Халина

ЕЛЕНА СУЛТАН

Осенний вальс

Ты набрось мне на плечи из листьев платок,
Закружи, обними в листопаде,
Дай вдохнуть золотой твоей жизни глоток,
Для меня он совсем не прохладен.
Рассыпаюсь от счастья волшебной листвой,
Пред тобою совсем как нагая,
Лист шуршит на плече: Ты не бойся, он твой,
Он кружится с тобою, родная!

Бабочка

Если не можешь справиться с болью,
Будучи бабочкой - выглядишь молью,
Вспомни о тех, кто с тобою был рядом
И не дышал в твою сторону ядом.
Брось все дела и отправься в дорогу,
Путь приведёт, несомненно, к порогу,
Где так волшебно излечат заразу:
Моль превратится в Бабочку сразу!

С Днём матери

Не знаю, есть ли День отца,
Я их заслуг не умоляю,
Но матери – венец творца,
И с этим я их поздравляю!
Вам выдана святая роль
Давать начало новой жизни
И через радостную боль
Узнать при родах все капризы.
Молюсь за ваше совершенство,
За счастье чаши до краёв,
Пусть в вашей жизни верх блаженства
Приносит детская любовь!

Возвращение в детство

Сегодня воздух я вдыхаю кубометрами,
Но им, похоже, надышаться невозможно,
Он трепетно моментами конкретными
В душе натягивает струны осторожно.
Походы, стадион и школьная любовь,
Случайные подножки, взгляды на уроках:
Воздушные картины оживают вновь
И не зависят от таких далеких сроков.
Я здесь взрослела и с семьей жила,
Училась в школе, занималась спортом,
Здесь каждая страница мне мила
Той жизни, что осталась вся за бортом.
Сейчас выдерживаю статус по годам
И с возрастом приходится мириться,
Но только знаю, что я все отдам,
Чтоб снова в моё детство возвратиться.

Зимний диалог

Ну что, бесснежная зима,
На окнах где твои узоры,
Сосулек свитых бахрома,
Хрустящей снежной ваты горы?
Так хочется упасть в сугроб,
Ловить ресницами снежинки,
Не чувствовать в снегу озноб,
Теплом заставить плакать льдинки.
Ты говоришь мне, подожди,
Коль ждёшь ты все мои забавы,
То осень заберёт дожди,
Мне тоже это не по нраву.
Твой город будет в серебре,
Я сдую пыль с его рельефа,
Ведь в жизни, как в календаре,
Тем лучше, если меньше блефа.

Елена Султан

Я иду к тебе, море

Я иду к тебе, море всесильное,
Помоги мне в моих страданиях,
Излечи мне шаги нестабильные,
Утонувшую душу в терзаниях.
Подними на волну мускулистую,
С высоты покажи жизнь прекрасную
И оставь во мне мысли чистые,
Раствори все желанья опасные.
Дай почувствовать силы кладище,
И духовной, и даже мышечной,
Слабость давит меня угрожающе,
Не даёт мне мечтать о возвышенном.
Я иду в тебя, море любимое,
Сделай пилинг из скраба солёного,
Чтобы тело моё уязвимое
Превратилось бы в плоть закалённую.

Мой Владивосток

За что люблю тебя, мой город?
Навряд ли за июньский холод,
За то, что полон ты сюрпризов,
Сенсациями весь пронизан?
Скажи, что есть в тебе такое,
Что не дает искать покоя,
Что заставляет здесь остаться,
Вблизи воды – огня касаться...

Главное в жизни

Главное в жизни – это любовь,
Её понимает по-своему каждый,
После обид, возрожденная вновь,
Вечностью станет, возникнув однажды.
Люди родные не могут понять
Между собою порой перемены,
Главное в жизни – не дайте отнять
Силу, дающую жить без измены.

Елена Султан

Не гоните время

Не гоните время, не гоните,
Замедляйте ход его течения,
Каждый день на даты не смотрите,
Календарь считая увлечением.
Растяните день до невозможности,
Наполняя новыми свершениями,
Сбросьте мусор возрастной тревожности,
Дабы не страдать умалишением.
Развернитесь ровно на сто восемьдесят –
Все, что не успели в вашей юности,
Позабыв сейчас про свои проседи,
Соглашайтесь, чтоб не сделать глупости.
Соглашайтесь снова встретить молодость,
Увлечения вспомнить позабытые,
Упражняться в спорте на выносливость,
Восхищать дарами нераскрытыми.
Помириться с теми, кто обиделся,
Объясниться тем, кто так надеялся,
Если долго с кем-то ты не виделся,
Чтоб туман апатии рассеялся.
...
Не гоните время, не гоните,
Замедляйте ход его течения,
Каждый день держите, как в магните,
И цените все его мгновения!

Елена Султан

О дружбе

Что о дружбе еще не сказано,
Что о ней еще не написано,
Каждый может дружить по-разному,
Этим чувством душа пронизана.
Мы не можем жить в одиночестве,
Называя свободой обидчивость,
Осуждать — не мои полномочия,
Но зачем избегать столь привычное.
Лучше нам наслаждаться дружбою,
От неё заряжаться энергией,
Она в жизни, действительно, нужная,
Даже если вы всё опровергнете.
Я делюсь своим жизненным опытом,
Сквозь года окрепшим в признаниях,
Кто-то скажет, дружить — это хлопотно,
Убежденный в своих отрицаниях.
Я счастливой была в отношениях
Дружбы долгой, живой, удивительной,
Не скрываю лишь в том возмущения,
Что года пролетают стремительно.

...

Но в каком из миров все б не жили
И какое обличье не приняли,
Я хочу, чтобы мы не забыли:
Наша дружба такая же ... с крыльями.

Елена Султан

Кемерово

> *Трагически погибшим*
> *в ТЦ «Зимняя вишня», посвящаю...*

Кричите, люди, кричите в голос, –
Когда на детях последний волос
Пылает кровью в смертельной гари, –
Кричите в уши оглохшей твари!

Просите, люди, найти виновных,
Бездушных вовсе, внутри бескровных,
Взамен набитых дерьмом с деньгами,
Просите, люди, – не жить им с нами.

Молчите, люди, сегодня траур,
А завтра – страшно. Глазастый мрамор,
Застывший молча надгробьем в поле,
Терзать нас будет от страшной боли.

Елена Султан

ЕЛЕНА ФОКЕЕВА

Парижские ласточки

Тепло и музыки широты
Заставят вспоминать легко
Другую даль, иные ноты,
Неважно это или то.
Какая музыка играла
Была ли исповедь проста?
Так про себя я вопрошала,
Смотря на белизну листа.
Билета мелкая приманка,
Красивый книги переплёт,
Виолончель играет танго,
Парижских ласточек полет.

Ёжик

Что найти тебе, ёжик? Лужайку найти?
Чтобы ты не боялся случайных прохожих?
Ведь так просто порою ногой наступить
На созданий совсем на себя не похожих.
Я тебя отнесу под защиту берёз,
Чтоб не знал неуюта и грязи, и пыли,
Чтобы все про тебя хоть на время забыли.
Ну, а ты в это время спокойно подрос.

Поэт подобен солнечным часам

Поэт подобен солнечным часам,
Когда пойдут, порою сам не знает,
Ведь этот миг подвластен небесам
И озареньем ласковым сияет.
В душе порой мелодия звучит
И мысль подобна пройденным шагам.
Так слышит море, хоть оно молчит,
К своим опять приходит берегам.

Море

Зимою просто строят планы,
Потом решают их в делах,
Их ждут моря и океаны,
При якорях и валунах.
Ещё и форма не отлита
В которую воплощены
Дворцы, ракушечного быта,
В которых ни одной стены.
Внутри воды сплошные ветки.
И двигаются в унисон:
Медузы, крабы и креветки
На свой особенный фасон.
И бережливо укрывая
Своих детей во время сна,
Бежит, лазурь переливая,
Ещё холодная волна.

Лесная тропинка

Ещё торопится чуть-чуть,
Ещё петляет между ёлок,
Лесная глушь, болота муть,
Куда не поверни- пригорок.
А вечером до мелкой дрожи
Лесные шорохи остынут.
И вылезет колючий ёжик
Из мягких, ёлочных простынок.

Пирамиды

Загадочны, таинственны, легки,
Так на открытке кажутся и с виду,
В стране чудес, где серые пески,
Свои скрывают тайны пирамиды.
Головка сокола, какая-то игра,
И непрощенность вековой обиды,
Осирис жив, но голосом Изиды,
О нем тоскует вещая сестра.

Елена Фокеева

Карасик

Мама, достань мой сиреневый тазик
Глубже водичку нальём.
Будет там жить золотистый карасик-
Это его водоём.
Больше не будет ни грусти, ни щуки.
Будет он плавать, нырять,
Можно его на секундочку в руки
Взять и чуть-чуть подержать?
Или не надо. Я к речке знакомой
Снова тропинкой спущусь,
Чтобы доплыл до травинки у дома,
В воду его отпущу.

Версаль, Париж- космические дали

Версаль, Париж- космические дали,
И розовый закат, и винограда гроздь.
И туфельки, и мягкие сандалии,
Путеводитель, посох или трость.
Все это оставляю на пороге,
Сияет утра королевский зал
Читаю исповедь извилистой дороги,
О чем ещё никто не рассказал.

Случай

По существу и случай единичен,
Но с вечностью поддерживает связь.
По-своему предельно органичен,
И знает час, как яблоку упасть.
Лимонно-жёлт и розово-клубничен,
Когда в закате сумрак наливной,
Он прекращает даже гомон птичий
И начинает дождик проливной.

Елена Фокеева

Февраль

Февральский воздух неспокоен,
Хрустит на крыше леденец,
Весною посланный гонец,
Ещё предвестник, но не воин.
В ходу ещё с опушкой шапки,
Почти забытые- зато,
Разнообразные охапки
Из шубок, курток и пальто.
Пускай весь снег машиной скошен,
Везде, куда могу взглянуть.
Все шарики воды, как ртуть,
Под ноги катятся прохожим.

Город

Город всегда в незаконченных планах.
Просто так дышит и этим живёт.
Так, как трава растет на полянах,
Стебель от стебля, назад и вперёд.
Город считает свои остановки.
Строит дома, где под знаком любви,
Люди живут, покупают обновки,
Есть города, где поют соловьи.

Один в себе оставит свет

Один в себе оставит свет,
Другой увидит изначально
Цвет необычного звучания
И он художник и поэт.
Дорогу, море и заливы,
Дворцы, поля и миражи.
Глаза бычка темны, как сливы,
У края солнечной межи.

Елена Фокеева

На лёгком воздухе сосны

На лёгком воздухе сосны,
На бугорке кружочка тени,
Кузнечики, десант весны,
Ни в чем не ведают сомнений.
В теченьи нескольких минут,
Сидит без страха и без дрожи,
Моя рука ему батут,
Из гладкой загорелой кожи.
Недолго он остался тут,
Мечтатель в изумрудных грёзах!
Прыжок, и лапки унесут,
На завтрак утренний в березах.

Тюльпаны

Мосты уже наведены
И строятся на лето планы,
И украшают жизнь тюльпаны,
Как дар проснувшейся весны.
Они не задаются сказкой
И философией о том,
Что станет знаком и подсказкой
На свете этом или том.
Они свежи сиюминутно,
Они так радостно поспешны,
Что с ними раньше будет утро,
Из тьмы рождённое кромешной.

Елена Фокеева

Перебирая клавиши души

Перебирая клавиши души,
Как будто то рояль иль фортепиано.
Я в детской неосознанной тиши,
Любила жизнь и искренне, и рьяно.
Я до сих пор люблю карандаши
За верность их, всегдашнюю послушность,
Они рисуют огонек души
И остров вдруг соединяют с сушей.
Они палитру красок создают,
Реальность дня какую-то иную.
Здесь будет дом и в доме том уют,
Над ним гирлянду счастья протяну я.

Елена Фокеева

ИРИНА БОГДАНОВА

Пёстрая кошка

*Всем покинувшим нас
кошкам посвящается*

Старый дом деревянный, скамья, огород
И густые кусты под окошком.
Каждый вечер встречает меня у ворот
Разноглазая Пёстрая Кошка.

Ты стареешь, мой верный пушистый дружок,
Век кошачий, увы, так недолог...
Но походка легка и изящен прыжок,
Он, как прежде, и точен, и ловок!

Наклонюсь, чтобы Кошке в глаза заглянуть,
Что во тьме самоцветами светятся,
Отражаются в них Млечный Путь,
Южный Крест и Большая Медведица...

Тёплый вечер зажёг фонари над рекой,
Над её серебристой водою.
Я и Кошка – вдвоём. Шум вдали городской
Затихает, как рокот прибоя...

Вместе с Кошкою мы возвращаемся в дом,
Где еще один день нами прожит,
Каждый миг бытия здесь смакуем вдвоем,
Нас никто и ничто не тревожит...

Но настанет однажды тот день роковой,
Тусклый, серый, дождливый, печальный,
Когда Кошка моя не вернется домой,
Лишь подарит мне взгляд свой прощальный...

Этот взгляд удивительных Кошкиных глаз,
Ясный, мудрый, серьёзный, внимательный,
Среди звёзд затерялся он, но не погас
И мы встретимся с ней обязательно!

Снова вечер зажжёт над рекой фонари,
Светом тёплым наполнит окошко,
И как прежде, уткнётся в ладони мои
Моя старая Пёстрая Кошка….

Лимерики

Кот, живущий в предместье Вероны,
Обожал потрепаться с вороной:
Кверху морду задрав,
Он кричал ей «Гав-гав!»
Вот такой полиглот из Вероны!
***
Кот из Дувра отправился к йети
Поделиться рецептом спагетти.
И среди белых скал
Йети долго искал.
А они ему – «Мы на диете!»
***
Странный кот жил в йоркширском поместье -
Он мечтал быть ковбоем, хоть тресни,
Наплевав на резоны,
Кот скакал по газонам,
Распевая ковбойские песни.
***
Все коты, что живут в Лиссабоне,
Очень любят играть на тромбоне,
И своею игрой
Услаждают порой
Пассажиров в трамвайном вагоне!

Ирина Богданова

***
Кот-философ из города Нанта
На досуге почитывал Канта,
В диалектике он
Был не слишком силен,
Но в кошачьих кругах слыл талантом!
***
Кошка рыжая с Пьяцца Навона
Часто дразнит туристов с балкона -
Вниз швыряет конфеты,
Напевая при этом
Пасторали, сирventы, канцоны!

Вниз по Нилу — ветер встречный...

Вниз по Нилу - ветер встречный
Рвёт квадраты парусов,
День апрельский бесконечный,
Яркий, лёгкий и беспечный,
Уплывает прямо в вечность,
Жёлт и ярко- бирюзов!
Кружит Нил на мелководье
Из папируса плоты,
Волны в пенном хороводе
Вправо, влево плот уводят,
Меж тюков с товаром бродят
Полосатые коты!
Леопардовые шкуры,
Драгоценные масла,
Бронзовых гребцов фигуры —
Как античные скульптуры,
И изящные ажуры
Брызг, слетающих с весла!
Хоть пугающе бездонным
Море кажется всегда,
Но, товарами гружёны,
По указу фараона*,

Ирина Богданова

В царство злобного Тифона**
Отправляются суда!
На двуногой мачте - реи
Незатейливо- просты,
Тростниковый парус реет,
Как и прежде, ветер веет,
Понемногу вечереет,
А на палубе – коты!
Груз - поистине роскошен!
Павианы-сорванцы,
С серебром бочонок брошен,
Ахтерштевень плавно скошен,
Спотыкаются об кошек
Финикийские гребцы!
Как привет из тех походов -
Брызг солёных терпкий запах...
Судьбы кораблей и лодок
Держат кошки в мягких лапах,
Их глаза – как в тайны мира
Изумрудные окошки!
...Корабли плывут по Нилу,
А на них – коты и кошки!

*Морское судоходство в Древнем Египте стало развиваться в годы правления фараона Псамметиха (664 – 610 гг. до н.э.)

** Тифон – злобный дух, царством которого было солёное море.

Ирина Богданова

СЕРГЕЙ РИМИЗАК

Прощай навсегда...

Идёт процессия... Все в чёрном...
Хоронят что ли здесь кого?
В гробу красивом и просторном
Лежит она, так суждено...
Она красива и прекрасна,
Чиста, как детская слеза,
И даже смерти неподвластна,
Для большинства, она одна.
Стоят вокруг гроба Сеньоры,
Видна их скорби глубина,
О ней ведут все разговоры,
Хотя она им не нужна...
И языки их без умолку,
О том болтают, что она,
Могла колоться, как иголка,
И всем помочь всегда могла,
Что без неё теперь так пусто,
Она уходит навсегда,
На сердце, мол, Сеньорам грустно,
Не верю в эти я слова.
И вот они венки подносят,
На каждом - лживая строка,
Мне сердце щемит, оно просит,
Пусть слезет смерти пелена,
И пусть она скорей очнется,
Пусть торжествует чистота,
И пусть Сеньоров всех коснется
Её волшебная рука!
Но ничего не происходит,
Закрыты у неё глаза,
Из жизни Правда здесь уходит,
А с ней и лучшие друзья...
Игорь Т, Влад Л, Анна П...

Жизнь

Я люблю эту жизнь за то, что меня,
Вычитанию учит смиренно она,
Мне уроки сложения утром даёт,
За деление дробью мне ставит зачёт.
И весь день погружает меня в умножение,
Проверяя на мне все формы движения,
И меня поглощая энергией масс,
Вопрошает меня, я, мол, вист или пасс?
Я вистую всегда, добирая всё то,
Что мне бросила жизнь, подкопить на пальто,
Я активен, я жду двух семёрок к мизеру,
И как "Сойка" из фильма, ворожу перемену.
И смиренно учу жизни я вычитание,
Даже если оно мне пророчит скитания,
Я останусь собой, жизнь внутри прославляя,
И Сатурну во благо часть души отдавая...

Уральская тростинка

Среди озер, на клюквенных холмах,
Растет тростинка, тонкая, как лён,
В мечтах она летит на парусах,
Чтобы обнял там её кудрявый клён.
Бушует ветер рябью по воде,
Мечтою дух травинки окрылен,
И силы черпает она в своей мечте,
Ведь скоро будет с ней кудрявый клен.
Сменяет осень белая зима,
И вьюга заметает все кругом,
И тихо льдом хрустит вокруг вода,
А где-то шелестит листвою клён.
Она тверда, не страшен ей мороз,
Силён тот, кто мечтою окрылён,
Он где-то рядом, пламень её грез,
Большой, кудрявый, милый сердцу клён..
Звенит капель и тают глыбы льда,

Сергей Римизак

И издает зима последний стон,
Звенит и разливается весна,
И наполняет соком тонкий лен.
Пришёл тот ветер, что она ждала,
И ножку подтянул наш тонкий лён,
И с ветром, полетела, зацвела,
Заждался милую свою кудрявый клён.
И легкий ветер в летние края
Её унёс, любовью окрылен,
"Тебя заждался я тростиночка моя!"
Сказал, обнявши лаской, нежный клён.

И одену я шапку цветастую...

Принесу я на площадь красную,
Этажерку красного цвета,
И одену шапку цветастую,
Чтоб привлечь внимание "этого",
И на шапке будет связано:
"Конституции надо следовать!"
Ничего мной не будет сказано,
Чтоб не стали меня преследовать.
И я буду стоять в молчании,
Диалог ожидая сказочный,
В ожидаемом непонимании,
Кто-то в форме придёт загадочный,
Он не спросит, ни слова не скажет,
Дерганёт этажерку красную,
И лицо свое он не покажет,
Только пнёт мою шапку цветастую.
А на шапке, ведь было связано:
"Конституции надо следовать!"
И, пиная её, он показывал,
Как плевал он на всё на это вот.

Сергей Римизак

Я только с мороза...

В центральную мышцу тела,
Засунули льда кусок,
И сердце, вдруг, занемело,
Тепла ощутив отток.
И холод пошёл, проникая,
Сквозь ткани, и вверх и вниз,
И верхнюю кость, застужая,
В мозгах разжигая каприз,
В эфирном теле он дыры,
Проделал для всяких бед,
И кровь потихоньку стыла,
Имбирь не помог и плед,
Все это - одна лишь ссора,
И холодом по сердцам,
Красивы мороза узоры,
Но их ведь не надо нам?
Тебе протяну я руку,
Любимой тебя назову,
В себе заморожу буку,
И нежно тебя обниму...
И ты мне в ответ подаришь,
Объятий горячих пыл,
-"Эй-эй, аккуратней, ошпаришь! "
-"Я только с мороза, забыл?"

Сергей Римизак

Бесконечное влечение

Ты - бесконечное влечение !
Ты - мой фантом, мое затмение !
Я поражен, сражен, окутан!
Я страстью бренною запутан!
Любовь жива, но не способна,
Она поверхностно-утробна,
И составляет только часть,
Того, к чему я смог припасть,
А это чувство, столь обширно,
Оно плывет теплом обильно,
Внутри меня огнем пылает,
Мой дух и сердце расширяет,
И извергается в добро,
И я внутри, вокруг него,
Я вижу радугу, как шар,
В ней разгорается вулкан,
И счастья миг нахлынет вновь,
В нем страсть и радость и любовь.
И бред- отдаться на страдания,
Делить болезнь и испытания,
Срастись с тобой, и растворяться,
И в кисти Пикассо попасться,
И дивной краской на холстах,
Размазаться на жизнь и прах,
И, превратившись в лист осенний,
Или в отпавший рог олений,
Быть поднятым твоей рукой,
Желаю жизнь свою такой.

Сергей Римизак

По мотивам «Как я Съел Собаку...»

По мотивам "Как я Съел Собаку..." Е.Гришковец
Я маленький.. Утро стучится в окно..
За шторой -зима, и за шторой - темно..
Вставать не хочу, но включается свет,
И свет отражает каждый предмет..
И хочется очень мне попросить,
Не может ли кто-нибудь свет погасить,
Но речь не готова.. И надо вставать..
А сзади теплом призывает кровать..
Со шкафа глядят на меня отпечатки,
И свет продирает с макушки до пятки,
И каждый предмет на меня нападает,
Так в комнате утром только бывает,
А я, про себя прошу темноту,
Я в ней и оденусь и чутку вздремну..
А вместо неё, все вокруг заблестело,
До ванны дошло моё сонное тело..
Зачем же здесь все так до блеска затерли,
Мне словно глаза уже светом натерли,
И воду включаю в ней руку мочу,
И шлёпаю ей по ночному лицу..
Вот в кухне стою, там родная бабуля,
А я замерзаю.. Врос в пол как сосуля,
А бабушка блюдце подносит к губам,
И звук заструился от сердца к ногам,
И вот, подгоняемый этим гудком,
Я сел одеваться, и как молотком
Опал оглушён, не одевши штаны,
Затихли процессы все в теле мои..
И веки закрылись, но свет сквозь проходит,
И снова процессы все в теле заводит,
И вот в полудрёму врезается голос,
"В школу пора !" я шатаюсь как колос..
Стою я в прихожей, одето пальто,
Мороз не прокрался под кожу ещё,
В руке - чемодан, а в другой - моя сменка,

Сергей Римизак

Я вправо шагнул, хорошо, что есть стенка,
Я к ней прислоняюсь и взгляд опускаю,
Смотрю на носки и вдруг понимаю,
Отдельно от ног, где-то слева ботинки,
В них сыро.. Из них торчат шнурки-льдинки..
От мыслей таких озноб пробирает,
И кто-то ботинки мне надевает,
И вот у меня они вновь на ногах,
Вокруг заструился предутренний страх,
Вот дверь предо мной, я её открываю,
Я что-то придумать хочу, но не знаю,
Сказаться больным, чтобы как-то остаться,
Но время ушло, мне приходиться сдаться..
Я делаю шаг, словно нет притяженья,
И холодно делать любое движенье,
И прямо я руки держу в рукавах,
И снег оседает на скрытых ногах,
И где-то там - школа, за тем фонарем,
И окна горят в ней ацидным огнём,
И он разрезает ночь пополам,
И утро вручает у-чи-те-лям..
Я в школу иду.. И холодный ветрило,
Тушит внутри моё сердце-огниво,
А школа не гаснет, и адским огнём
Горят кабинеты куда мы идём,
Прошли все детишки.. И сытая школа,
Свой рот закрывает, блеснув в окнах снова,
И темное утро вновь свет разрезает,
Детишек теперь она поедает...

Сергей Римизак

АННА БАТЮШКИНА

Они

Мы стелемся дымком по мостовой,
По тротуарам бликами крадемся.
Никто не замечает нас с тобой,
А видят лишь луна и солнце.
Мы невидимками во всех дворах,
Мы за спиной, пока не обернешься.
Смотри, вот стелется туман,
И кто-то бликами к тебе крадётся

***

Она ушла, никому не сказав.
Ушла туда, где дорога ведет в небеса,
Где можно на облако сесть
И далеко – далеко улететь.
Она ушла, никому не сказав,
И не вернется больше назад.

Хороводная

Ах ты ночь, мохнатая,
Злая, косолапая,
По полям нечёсаным
Ходишь до утра,
Ты не рви мне душу так,
Не зови напевами
Глазом не подмигивай, круглая луна.
Не пойду с тобою я
По путям завьюженным.
В танце твоем яростном
Счастья не видать.
Дверь закрою накрепко,
Сяду у окошечка,
Лишь глаза потёмками
Как костры горят.

Тишина

Тишина – это что?
Это шелест берез, колыбельной тихий напев.
Тишина – это где?
Под парусом звёзд, в неба ясной голубизне.
Тишина – это как?
Когда тихо вокруг, лишь негромко поет соловей.
Где живет тишина?
Внутри нас, нас – людей.
Живёт в поле, в лесах, в облаках,
Что по чистому небу плывут.
Живет в храмах, часовнях, монастырях,
За весь мир где молитвы поют.
Там усталый найдет утешенье,
Там бездомный находит приют,
Туда идут помолчать, получить исцеление,
Там святые в пустыньке живут.

Пёстрый

Давай погуляем по пёстрому городу,
Где на улицах лица и маски прохожих,
Где сегодня на удивление холодно,
И снег опустился, на вату похожий.
Давай погуляем по пёстрому городу,
Посмотрим на небо, песком припорошенное,
И, отодвинув лоскутную шторку,
Заглянем куда-то в далекое прошлое.
Давай с тобой пронесёмся над окнами,
Ромбами крыш и пиками сосен
По мостовым лежит белый траур –
Последнюю ночь доживает здесь осень.
Давай, провожая её, будем тихими…
Но ты снова молчишь и хочешь остаться.
Пойдём, погуляем по пёстрому городу!
Мне одной туда не добраться.

Анна Батюшкина

Бродяга

Была война, а про неё забыли.
А как пылало небо, махнули на него рукой.
Ведь в прошлом столько крови, грязи, пыли...
Что было, то прошло...
А вдруг и не было...
Забыли мукой.
Нет,
Мукою снежной пылью,
Дороги повернули к северу,
Домой...
Прости.
Не дожидайся у порога.
Сюда я не вернусь.
Прощай.
Пойду другим путём немного,
Где у обочин спеет иван-чай...
А десять лет, ведь это так недолго
Для месяца рожка, что на небе висит.

Выбор

Я не буду скучать по этому месту:
По усталым прохожим – чего в них хорошего?
Фонарям заплывшим, заплёванным улицам
По старушкам, в альбомах хранящим прошлое.
Я не буду скучать по этому месту-
По бетонным заборам мимо дальней дороги,
По окнам кирпичным, крышам заснеженным,
По тихому отзвуку поздней тревоги.
Я не буду скучать по болотам и травам.
По земле здесь кресты и осколки империй
Да по небу серый, задумчивый траур
Как же можно скучать!
как же можно уехать

Анна Батюшкина

Зелёной змейкой

Мои пророчества не сбудутся –
Я просто не буду пророчествовать.
Кто станет заглядывать в будущее,
Когда есть уютное прошлое.
Стихи мои не вырастут песнями –
Некому будет петь песни.
Зачем класть слова на мелодию,
Ведь просто сидеть в тишине интересней.
Судьба моя, будто змейка зелёная,
В небе ночном висит полумесяцем.
На синей безоблачной пустоши
Счастье моё не засветится.
Люди, зачем нам на маленьком шарике
Себя забывать, убивать без опаски?
Сказки мои не будут рассказаны.
Кому же я буду рассказывать сказки?
Мои пророчества не сбудутся –
Я просто не буду пророчествовать.
Стихи умрут, никому не нужные.
Да ночью взлететь в небо хочется…

Актёр

Как больно с лица слои краски сдирать.
Как больно выдумывать жизнь.
Кровью своей руки марать,
Пытаясь достать кусочек души.
Как больно насквозь быть сказкой пустой,
Сказкой, что некому рассказать.
Как больно в толпе быть одной,
На жизнь лишь смотреть и молчать.
Как больно с лица слои краски сдирать,
От боли смеясь и шутя.
Как больно искать и страшно найти
Под краскою этой себя.

Анна Батюшкина

Над миром летел птеродактиль

Над миром летел птеродактиль.
Его увидел художник и написал картину.
Над миром летел птеродактиль.
Его увидел музыкант и написал пьесу.
Над миром летел птеродактиль.
Его увидел ученый и открыл закон.
Над миром летел птеродактиль.
Его увидел учитель и придумал задачу.
Над миром летел птеродактиль.
Его увидел школьник и решил задачу.
Над миром летел птеродактиль.
Его увидел человек, потерявший смысл жизни, и решил не прыгать с крыши.
Над миром летел птеродактиль.
Его увидел турист и опоздал на поезд.
Над миром летел птеродактиль.
Его увидел писатель и написал роман.
Над миром летел птеродактиль.
Его увидела отличница и решила получить четвёрку.
Над миром летел птеродактиль.
Его увидел студент и защитил диплом.
Над миром летел птеродактиль.
Его увидел философ и заявил: « Вздор, птеродактили вымерли!».
А над миром летел птеродактиль,
И ему было все равно, что он вымер.
Он летел домой...

Дорогой

Я взяла себе месяц и повесила в ухо,
Как сережку простую.
И позабыла.
А он там светился,
маленький,
Жёлто-серебряной силой

Анна Батюшкина

Стих

Научи меня спрятать деревья,
Вместе с кроною и корнями,
Вместе с росами и дождями
И листвою под ветром шуршащей.
Покажи мне, как скомкать травы,
Как цветы по полям и дорогам
Все собрать и спрятать в ладошке.
Научи меня взять в руки небо,
Чтобы сняв с него все дирижабли,
Облака и птиц с проводами, всё собрать,
Закатав в один шарик.
Подари мне грозу ночную,
Только так, чтобы всё звенело,
Чтобы молнии, как в барабаны,
Били в мокрую, мокрую землю.
Разреши мне себе оставить
Этот воздух шальной и гремучий,
Этот лес в облаках колючек,
Эти звуки лягушек и пташек.
И тогда, уходя отсюда,
Я спрячу весну в кармашек.

Ночь

В Лесу навсегда ночь поселилась,
И вечно Лес хранит свою тайну.
Он путает веток узором,
Корнями ноги твои оплетает.
Но если пройти по тропам забытым,
Сквозь безликий туман
Мимо волчьей норы,
То можно увидеть, как в чаще, увитой плющом,
Цветут золотые цветы.

Анна Батюшкина

Странно

Однажды потом, когда все позабудется,
Я снова найду эту тихую улицу.
Увижу тот дом, позабытый – заброшенный,
У дверей постою – гость незваный – непрошенный.
Тихий шум тишины здесь собрался повсюду.
Я не буду стучать, и звонить я не буду.
Лишь к окну подойду, и почудится мне
Отраженье чужое в знакомом окне.

Взгляд

Если посмотреть на небо,
То увидишь вышину.
Если посмотреть на воду,
То увидишь глубину.
Если посмотреть на камни,
То увидишь тишину.

Забыто

Сегодня утром шла через дворы:
От печали верное средство.
Там разбросаны листья,
Слова и стихи,
И осколки чужого детства.

Зритель

Он вышел на сцену
без грима, без маски,
В зал не глядел,
на них,
Оглянулся - впервые.
Впервые
С опаской себя показал,
не других.

Анна Батюшкина

Достал из себя всё что прожито, продано,
Всё, что хранил
давно.
Вывинтил, выложил каждый болтик
и гаечку
Из тех, что содержит нутро.
Он думал:
Вот встанут волною, набросятся, сметут,
разорвут на куски.
Почуяв, как яростно бьет в переносицу
запах немытой тоски.
Он душу свою покромсал,
на ломтики.
И положил на паркет.
После, ему еще долго хлопали.
После того, как включили свет.
***
Мои руки устали молчать,
Мои земли окутывал ветер.
По полям побежать, закричать,
Только так, чтоб никто не ответил.
В чёрном омуте вод
Белым сном проплывет
Позабытая, тихая правда.
Скоро осень придет,
Скоро снег упадет,
Но сейчас здесь тепло и отрадно.
Мои руки устали молчать...
И лежат у меня на коленях.
Ветер тронет за юбку, пиджак,
Закачает верхушки деревьев.
Может, он импозантен,
Может, просто чудак,
Может – то и другое вместе.
Встанет к пульту,
Одёрнет потертый свой фрак,
И тогда заиграет оркестр.

Анна Батюшкина

Шёпот утренних трав
И грохот машин –
Все сольётся в единые звуки.
Но одна вещь на свете не будет звучать,
Лишь одна на земле:
Мои руки.
Буду слушать и ждать, как на небе закат
Разольется на землю алым.
И в том месте, где ночь станет ближе, чем день,
Я возьму в свои руки гитару.
И буду играть,
Покуда печать ставит белым зима на свете.
Мои руки устали молчать.
Мои земли окутывал ветер.

Вечер

Дремлет луна облаками над храмом,
Вздох затаили поля.
Тихо, задумчиво-добрыми снами
Движется ночь, тишиною полна.
Горят фонари на далёкой дороге,
Колёсами поезд стучит.
Замерло всё.
И на пороге...
Добрая сказка стоит.

Зеркало

Вот шут у трона короля,
На нём колпак с помпоном.
Он шутит перед королём,
Что правит всем народом.
Кривляется пред всем двором...
Но кончен бал, закрыт приём,
На улице гроза...
И снят колпак,
И зеркала, привычно отразят глаза его,

Анна Батюшкина

Печальные глаза.
Король на троне восседал
На голове корона.
Нелёгкий груз на плечи лёг,
Вершить судьбу народа.
Велик в глазах придворных он...
Но кончен бал, закрыт приём,
На улице гроза...
Снята корона,
Зеркала привычно отразят глаза его,
Печальные глаза.

Поэт

Певец весны в осеннем крае,
Что ты забыл здесь поутру?
Снаружи — франт,
Внутри — изранен,
А на плече несёт луну.
Куда так рано, до рассвета
Опять сорвался ты, ответь...
Ушёл.
Ответил ветер пьяный:
"В весеннем крае осень петь".

Все возвращаются домой

Все возвращаются домой,
Преодолев пути, опасности, тревогу
Полузабытой, детскою тоской
Потянет вдруг к родимому порогу.
И ты вернёшься, позабыв про зов дорог,
Махнув рукой на небо,
Море, скалы, что нависли грозно.
Ведь все когда-то возвращаются домой...
И ты вернёшься рано или поздно.

Анна Батюшкина

В дороге

Пусть будут тишь, покой и сон
бродить по белым полустанкам.
Пусть станет белым небосклон,
Вчера расписанный и яркий.
Да пусть в заледеневших окнах
кочуют жёлтые дома…
И, чтобы мир стал необъятным,
пусть будет белая зима.

Картина

За окошком зазеркалье, без начала и конца.
Снег кружится будто пламя, небом светится луна.
За окошком зазеркалье, без решёток и границ,
На луне нет чёрных пятен,
Нет и в чёрном небе птиц.
За окошком зазеркалье…
И струится тихий свет,
За окошком зазеркалье,
Но туда дороги нет.

Месяц – месяцович

Месяц – месяцович, тонкий и рогатый,
Пролетал над храмом в облаках кудлатых.
Осветил деревья, землю, купола,
Осветил тропинку, что к храму привела.
Днём был дождь и радуга,
А сейчас видна
Тёплая, уютная парка тишина.
Там шуршат деревья, гудят колокола…
А Месяц – месяцович над храмом пролетал.

Анна Батюшкина

Луга

Тихо. И светла ночка над рекой,
Соловей не свищет, не шумит прибой.
Дождик не будет по крыше
Зайчиком резвым скакать
Мама свечу зажигает,
Пора ложиться в кровать.
Но под крышей спать невозможно!
Не могу я в кровати спать.
Мне б сейчас пойти в луга,
Лечь в душистые стога.
На лугах в конце июля стоит такая тишина...
Запах сена, лучше свечки, охраняет мои сны,
Звёзды, добрые сердечки, тихо смотрят с вышины.
Наш домик стоит на утесе,
Льётся из окон свет.
Мама свечу зажигает,
Но в кровати меня уже нет.

Звезды

Звёзды на небе – это огни,
Звёзды на небе – это мечта,
Звёзды на небе – это маяк
Для тех, кто ночью в пути.

Стих2

Сегодня в небе не было химтрейлов,
Лишь облака – пушистые барашки.
По асфальту кроссовки и шпильки,
По полям борщевик да кашка.
Стучат по вагонам рельсы,
Лишь песок и зелень на свете.
И если всё сделать правильно,
То я утону в этом лете.

Анна Батюшкина

Осень

Видеть хотел?
Я с тобой, не спеши.
Слышишь, где-то
Палой листвой
Ёжик шуршит.
Листья деревьев шуршат на ветру.
Ты шуршишь и я шуршу.
Шуршанье не терпит поспешных слов,
Не терпит лишних движений.
Пойди в переулки и
Мимо домов
Зашуршит твоё отраженье.
Прошу, не беги, не шуми, не спеши
Шуршанье не трожь даже взглядом.
Не сломай нашей тихо шуршащей игры,
И нас не тревожь.
Не надо.
А лучше, забудь про судьбы миражи,
Наплюй на дела –
И с нами шурши!

Анна Батюшкина

Любовь

Шумит, колышется поле, цветами расшитое,
Идёт по дороге любовь, всеми забытая.
Не нужна стала людям любовь, вот и выгнали.
На дорожку ещё пожелав: «Да чтоб ты там сгинула».
Бежит, колышется небо, с облаками барашками.
Нет больше места любви на земле нашей матушке.
Слишком та терпелива, слишком заботлива та,
Слишком любовь незлобива. Слишком скромна и кротка.
Бежит по морю кораблик, по пенным волнам.
Уж по сёлам ходила, деревням, городам.
Во все двери стучала, что было сил,
Но никто к ней не вышел. На порог не пустил
Горел, разливался закат, красок палитрою
Пошла по миру любовь, миром забытая.
А люди меж тем, не зная несчастья,
Любовь заменили блудливою страстью.
С любовью та схожа, будто сестра,
Только ревнива и зла.
Хуже вина бередит она кровь.
Люди, одумайтесь и приютите любовь

Анна Батюшкина

Колыбельная

Старый город был всегда.
И, сколько себя помню,
На этом месте дом стоял
С крышей и трубою.
И лишь в сумерках, проникших
С красной черепичной крыши,
Да сквозь заросли травы,
Что по саду разрослась,
Из открытого окна
Колыбельная лилась:
«Спи, мой мальчик, баю бай
Дремлют закоулочки.
Месяц по небу идет,
Играет Сон на дудочке.
Ночь укроет нас с тобой
Теплым одеялом,
Сад укутает травой,
Мхами да бурьяном.»
Завела меня судьба далеко от дома,
И приходит лишь во снах милый старый город.
Помню только шёпот трав, да забыть не смею
Полусказочный мотив детской колыбельной:
«Спи, мой мальчик, баю бай
Дремлют закоулочки.
Месяц по небу идет,
Играет Сон на дудочке.
Ночь укроет нас с тобой
Теплым одеялом,
Сад укутает травой,
Мхами да бурьяном.»

Анна Батюшкина

ВАЛЕНТИНА КРЕЧКО

Советский флаг над куполом Рейхстага

Последний оплот Берлина –
 главное здание Рейхстаг...
Как водрузить над куполом
Красный Советский Флаг?
Зло, отчаянно бились фашисты,
Защищая свой главный дом.
Да и советским танкистам
Продвигалось с большим трудом.
И в упор в тот Рейхстаг стреляли.
Грохот, дым и визжание пуль.
Дрогнули немцы! Не устояли!
Громко орали: «Гитлер капут!»
Шаг за шагом... Этаж... все выше
Поднимаются наши бойцы.
Вот взметнулось над куполом крыши
Знамя нашей Советской страны.
То сержанты Егоров, Кантария
Водрузили над куполом флаг.
И в войне была точка поставлена
Героизмом наших солдат.

Это предков земля

Нам не жить без России,
Без березовых рощ,
Без озер ее синих,
Ранних утренних рос.
Без рябины кудрявой,
Что растет над рекой,
И без зорьки румяной
Над рассветной землей.
Нам не жить без России.
Это предков земля.
Это Родина наша:
И твоя и моя.

Под Сталинградом Октябрь, 1942г

Пылали небо и земля,
Вода кипела от снарядов,
И теплоход тонул, бася,
Предупреждая тех, кто рядом.
Кругом стояли ужас, крик
И плач людей обезумевших,
Как будто бы с небес сошли
Все злые силы на безгрешных.
А он летал, бросая вниз
Смертельный груз на беззащитных...
Иссяк его боезапас –
Он улетел в гнездо фашистов.
Мне не было в ту пору и двух лет.
Мы в ледяной воде тонули с мамой,
Багром нас вытащил какой-то дед,
Изо всех сил тащил упрямо.
С тех пор прошло не мало лет –
Войны страницы не закрыты.
Давно уж на земле и мамы нет,
А лихо то не позабыто.

Заворожила песня

Звучала песня «Верность лебединая»,
И я, как завороженный, стоял.
Тоской любви она безмерною проникнута,
Тоской любви... Я слушал и молчал.
И крик души и сердца боль я слышал,
И вместе с лебедем тот миг переживал.
Я потрясен был верностью к любимой.
Я песню слушал, плакал и молчал...
Я эту верность не сберег когда-то,
Людскую верность юности моей.
Теперь на склоне лет – расплата:
Я прожил жизнь, но без любви своей.

Валентина Кречко

Ах, ты, Русь моя святая!

Ах, ты Русь, моя святая!
Дорогая сердцу Русь.
Ты, мне словно мать родная
И тобою я горжусь.
Невский шведов бил нещадно,
Немцев – рыцарей добил.
Чтобы было неповадно
Очень просто говорил.
Не ходите к нам с мечами,
Не ходите к нам с войной.
В ней погибните вы сами,
Рухните во мрак иной.
И татарам таже участь.
Иго лопнуло по швам.
Там на поле Куликовом
Крепко дали по зубам.
А поляки размечтались
На престол Московский встать.
Зря, вы, с русскими связались.
Гнали вас и будем гнать.
Петр I под Полтавой
Войско шведов разгромил.
Он покрыл Россию славой,
Карла – шведа победив!
И французам надо помнить
Битву под Бородино.
Помнить и навек запомнить,
Не ходите к нам войной!
Гитлер, время забывая
Ринулся на наш народ
Только Русь моя святая
Разгромила и его.
Сколько же набегов вражьих,
Ты, снесла, родная Русь?
У тебя народ отважный,
Я всегда тобой горжусь!

Валентина Кречко

Я пройдусь вдоль деревни

Я пройдусь вдоль деревни,
По над быстрой рекой,
Где камыш тихо дремлет,
Охраняя покой.
По крутой, по тропинке
Я на берег взойду,
Где озябли рябинки,
Трепеща на ветру.
А вдали молодая
Зорька робко встает.
Облака в небе тают,
Новый день настает.

Случай в дороге

Поезд мерно считал километры и метры
И сердито на стыках стальных громыхал.
Я стоял у окна, обдуваемый ветром,
Чуть прищурив глаза, полной грудью дышал.
Что-то на сердце было совсем непонятно.
Ни с того, ни с сего вдруг сжималася грудь,
И вздохнув глубоко, что-то буркнув невнятно,
Я вернулся в купе, постарался уснуть.
Заскрипели колеса… Опять остановка.
Я сошел на перрон, свежий воздух пахнул…
На перроне стояла она одиноко,
И тоскливый мотив вдруг мой слух резанул.
В чем теплилась душа у девчонки – подростка…
На лице лишь глаза вопрошали одно:
– Дайте хлеба, пожалуйста, кушать охота.
Дома лишь лебеда, больше нет ничего.
Я рванулся в вагон, моля бога – успеть бы!
И схватил вещмешок, где энзэшный паек,
И опять на перрон, где девчушка та пела,
Сунул в руки ей все, что на случай берег.

Валентина Кречко

Поезд тронулся. Вновь громыхали колеса,
И каким-то растерянным я казался в тот миг.
- Шли бы вы отдыхать, пассажир расхороший, -
Проворчал, проходя пожилой проводник.
Улетучилась напрочь куда-то тревога.
Я вернулся в купе, облегченно вздохнул.
И, взволнованно чуть повозившись немного,
Я прилег на постель и мгновенно уснул.

Опять Европа на дыбы

Опять Европа на дыбы!
Российским газом согреваясь,
Покоя не дает моей стране,
Мир на планете разрушая.
Тут дипломаты ни при чем.
И дело Скрипаля – фальшивка!
А где же факты, господа, месье?
Их нет! И в этом заковырка.
Покоя ночью не дают
Вам наши русские просторы.
Природою богатый наш ресурс,
Наши леса, моря и горы.
Россия вам, как в горле кость.
С лица земли стереть хотите.
Горячку не советуем пороть!
Опомнитесь! И злость укоротите.
Войной Россия не грозит.
Мы знаем цену мирной жизни.
Россия – не агрессор, не бандит,
Лишь защищает рубежи отчизны.
Горжусь тобой, земля моя!
За то, что сильная такая.
Народной мудростью полна
Мир на планете защищая!

Валентина Кречко

Я люблю эту землю

Я выйду в поле – даль без края,
Так дышится легко!
А тропка, змейкой убегая,
Зовет далёко-далеко.
Но не угнаться мне за нею…
Да и зачем мне догонять?
От красоты природы млея,
Не собираюсь убегать.
Я наклонюсь к земле родимой,
Вдохну тепло её,
И запах тот неповторимый
Пускай во мне живет.
Он мне дает надежду, силу,
Здоровье на года,
Чтоб память о земле родимой
В душе не гасла никогда.

Блокадный Ленинград 1943 г

(по материалам книги «Детская книга войны»)
Ленинград сорок третьего года.
Холодная зима… и детский сад.
Вслух о еде не говорят ни слова.
Всюду голод… кромешный ад.
Какие игрушки?!. Кругом война.
Но играть детям так хотелось
И сшила няня игрушку кота,
На душе у ребят посветлело.
Он стал любимцем всей детворы.
Кота берегли от бомбежек,
В бомбоубежище с собой унесли,
Пряча его под одежкой.
Но однажды в фашистский налет
Раздробило мальчонке голень.
У него болевой был шок!
Он совсем не чувствовал боли.

Валентина Кречко

Все твердил и твердил тогда:
«А когда мне пришьют мою ножку?
Няня? Ты ведь быстро сшила кота,
А мне надо совсем немножко».
Сколько б лет с той поры ни прошло,
Такое забыть невозможно.
Детский голос звучит до сих пор:
«А мне надо совсем немножко».

Рождение подсолнуха Легенда

Бродило Солнышко по свету
Немало, миллионы лет.
И на зеленой, на планете
Оставить так хотелось след.
Мечтало Солнышко о сыне.
Чтобы похож был на него:
– К земле гонца отправлю ныне
Найти там сына моего.
А утром, рано на рассвете,
Луч солнца в дальний путь пустился
К Земле, возлюбленной планете,
В чьих недрах мальчик притаился.
Лучи всю землю обогрели,
Засуетилась жизнь на ней,
И птицы радостней запели,
Ручьи забулькали дружней.
Вдруг Солнце сверху увидало:
Сквозь землю пробился росток –
И тут же с нежностью казало:
– Что ж, с днем рождения, сынок!
Тебя отныне нарекаю
Своим я солнечным сынком,
И пусть весь мир об этом знает,
Зовет тебя Подсолнушком.
И с той поры на огороде,
Купаясь в солнечных лучах,
Растет при всем честном народе
Подсолнух с солнцем на плечах

Валентина Кречко

Контактная информация авторов

Белоус Елена «Марта Гольченко»	helen95141@gmail.com
Богданова Ирина	irina-med00@mail.ru
Богданова Олеся «Ольга Корелова»	olga-k0924@yandex.ru
Винокурова Людмила «Мика Макова»	mikyha@bk.ru
Владимир Фомин	wlfomin83@gmail.com
Воронцова Ирина	vorontsova_616161@inbox.ru
Галина Севергина	severginagi@yandex.ru
Дворецкова Элеонора	leonora_d2002@mail.ru
Елена Карнович «Елена Султан»	sebsek@tgmu.ru
Казимирчук Сергей «Сергей Римизак»	svk6067@gmail.com
Карачарова Анна «Анна Батюшкина»	warquokka@gmail.com
Кречко Валентина	zolotolev@mail.ru
Олейник Владимир «Олеша»	olesha1951@mail.ru
Самойлова Наталия «Натали Самойлова»	samoilova.natalia6@gmail.com
Скузоваткина Дарья	skuzowatkina.dascha@yandex.ru
Фокеева Елена	e.fokeeva@mail.ru
Халина Екатерина	katya_khalina@mail.ru
Холодова Наталья	nata.antrop@yandex.ru
Чугунова Дарья	dasha.chugunova.91@mail.ru

Сборник стихотворений современных авторов

«Современный дух поэзии»

Выпуск 25

Часть 1

Все права на произведения принадлежат исключительно их авторам.

Составитель-редактор:
Независимое издательство «Первая Книга»
www.перваякнига.рф

Printed in the USA
CPSIA information can be obtained
at www.ICGtesting.com
CBHW052004141024
15845CB00033B/631